올 어바웃 학폭

교사와 학부모가 알아야 할
학교폭력의 모든 것

교사와 학부모가 알아야 할
학교폭력의 모든 것

올 어바웃 학폭

1판 1쇄 2022년 3월 15일
1판 2쇄 2023년 6월 10일

지은이 장석문, 최우성

펴낸이 모계영
펴낸곳 가치창조
출판등록 제406-2012-000041호
주소 경기도 고양시 일산동구 중앙로 1347 쌍용플래티넘오피스텔 228호
전화 070 7733-3227 **팩스** 031-916-2375
이메일 shwimbook@hanmail.net
ISBN 978-89-6301-270-4 (03330)

가치창조 공식 블로그 http://blog.naver.com/gachi2012

올 어바웃 학폭

교사와 학부모가
알아야 할
학교폭력의 모든 것

장석문 · 최우성 지음

가치창조

학교폭력으로 힘들어하는
선생님, 학부모, 학생들에게

교직에 들어온 지 22년째가 되었다. 2000년 초반부터 학교에서 학생들과 관련된 업무를 담당하면서 학생들의 사소한 장난, 갈등, 오해 등이 폭력으로 변질되는 상황을 자주 접하게 되었다. 서로를 크게 다치게 하는 폭력 사안도 처음엔 사소한 말다툼으로 시작되고, 아무 생각 없이 내뱉은 말이 오해를 불러일으켜 따돌림을 당하는 경우도 자주 보았다. 학교폭력으로 신고되는 사안들의 원인을 찾아가며, 일이 이렇게까지 커질 상황이 아니었다는 걸 알게 될 때마다 안타까웠다. 이를 해결할 수 있는 역할이 무엇이 있을까 고민했다. 어떻게 하면 학교폭력으로 가기 전에 미리 방지할 수 있을까?

학교에 근무할 때는 학생생활교육을 담당하는 부서에서 각종 사안을 다루며 학교폭력을 몸으로 체득하는 기회를 가졌다. 사안이 발생하면 학교폭력 전담기구에서 학교장 자체 해결 여부를 심의하게 되며, 자체 해결 요건을 충족하지 못하면 교육청 학교폭력대책심의위원회에 심의 요청을 한다. 학교폭력 책임교사를 맡아 일하며, 이 과정에서 학교 선생님이 할 수 있는 역할의 한계를 경험하였다. 교사의 기본적인 역할을 하면서 학교폭력 사안 해결도 동시에 해야 하는 업무상의 부담, 다양한 유형의 폭력 사안에 맞는 전문성 부족, 법률적인 문제 해결의 어려움 등이 항상 고민으로 남았다.

때마침 학교폭력예방법이 개정되면서 학교에 존재했던 학교폭력대책자치위원회가 교육청으로 이관되었다. 그동안 학교 현장에서 학교폭력 관련 업무만 10년 이상 하면서 느꼈던 이질적인 모습을 교육청에서 직접 다루어 보고 싶었다.

2020년 9월, 경기도교육청 학교폭력전담 장학사를 하면서 심의위원회 간사 업무를 맡게 되었다. 교육청 일이 학교 현장에서 맡았던 일과 다른 점은 더 다양한 사람들을 접하게 된 것이다. 학교폭력 책임교사, 부장 교사, 교감, 학부모, 학생, 일반인 등 다양한 사람들의 민원이나 민원 전화 등을 안내하면서 좀 더 폭넓은 시각을 갖게 되었다고 할 수 있겠다.

어떤 일이든 수많은 사례를 접하고 데이터로 축적해 두면 좀 더 현명할 판단을 할 가능성이 높아진다. 학교폭력 문제도 마찬가지다. 학교폭력 사안을 접한 학부모나 교사들은 내 아이의 관점, 우리 학교 학생의 관점에서 인식하고 문제를 해결해 나갈 수밖에 없다. 정보를 얻고 싶어도 다양한 사례를 찾기가 쉽지 않다. 이 책은 그런 부분에서 조금이나마 도움을 주고자, 그동안 경험했던 것과 다양한 이들의 질문에 대한 답변들을 모은 것이다. 학교폭력으로 힘들어하는 선생님, 학부모, 학생들에게 나의 경험이 도움을 줄 수 있기를 기대한다.

그러나 무엇보다, 학교폭력이 일어나지 않도록 가르치고 예방하는 것에 교사와 학부모가 더 많은 관심과 노력을 기울여야 한다는 점을 강조하고 싶다.

최우성

가장 적법하고 합리적인 선택에
도움이 되기를 바라며

학교폭력 예방을 목적으로 2012년 학교전담경찰관이 전국에 배치된 이후 10년이 되어 간다. 보통 경찰관 한 명당 10~13개 학교를 전담하고 있으며 2021년 9월 현재 학교전담경찰관은 전국에 1,020명이 활동하고 있다. 학생들 수에 비해 학교전담경찰관의 수가 부족하다는 지적도 있다. 그러나 좀더 넓게 보면 학생 보호와 관련된 경찰관은 점차 증가추세에 있다. 아동 청소년을 보호 활동을 전담하는 경찰은 학교전담경찰관(SPO) 외에도 아동학대전담경찰관(APO)들이 전국적으로 600명에 이르고 있으며, 앞으로도 아동·청소년 보호를 위한 경찰의 역할은 더 확대될 것이다.

학교전담경찰관의 가장 중요한 목적은 학교폭력을 예방하는 것이며 학교폭력 사안이 발생했을 때 학생과 학부모, 학교와 교육청과 협조하여 학폭 및 형사절차 진행을 돕고 학교폭력심의위원회 위원으로 처분 결정에 참여하기도 한다.

최근에는 학교 밖 청소년 및 위기 청소년(범죄 및 비행 청소년 등)에 대한 선도·보호 활동으로 그 역할을 확장하고 있다. 그동안 학교전담경찰관은 청소년 문제에 대해 학부모와 학교, 지역사회단체와 유기적인 협조를 통해 청소년 문제 해결을 위한 경찰 내 전문가 그룹으로 자리매김하였다.

학교전담경찰관이 배치되었던 2012년 당시에는 학교폭력 예방교육과 학교폭력에 대한 사회적 인식 개선, 공감대 형성을 위해 역량을 집중하였지만 최근에는 일반적인 학교폭력 예방 활동에서 더 나아가 청소년의 비행과 위기 청소년 선도·보호를 위한 활동, 청소년 문제에 대한 학부모 상담의 역할까지 그 업무 영역을 확대해 가고 있다.

학교전담경찰관 출범 후 10년이 되어가는 지금, 경찰은 청소년들이 필요할 때 언제든지 쉽게 만나서 대화할 수 있는 친근한 이미지로 탈바꿈하는 데 크게 기여하였다. 과거 소년범에 대한 처벌 위주의 경찰 활동에서 학교와 함께 청소년들의 고충과 아픔을 이해하고 부모의 마음으로 청소년들을 바라볼 수 있게 되었다는 점이 가장 큰 변화가 아닌가 생각한다.

그러나 지금까지의 학교폭력 예방을 위한 경찰, 학교 등 각계각층의 노력에도 불구하고 학교폭력은 여전히 진행 중이며 신종 학교폭력이 끊임없이 등장하고 있다. 이에 따라 학교폭력예방법도 학교폭력의 진화에 맞춰 세세하게 규정되고 관련법과의 상호관계에 따라 복잡한 구조를 띠어가고 있다.

일선 학교에서 학폭 사안을 처리하기 위해선 학교폭력예방법에 대한 전반적 이해가 필요하다. 학사 일정에 바쁜 교사들이 학교폭력예방법을 이해하고 적용하는 것이 쉬운 일만은 아니다. 또한, 학교폭력 전담교사는 학부모의 항의와 민원을 처리해야 하는 기피 부서로 장기간 근무를 통해 전문적인 역량을 발휘하기가 어려운 현실이다.

경찰은 학교의 입장을 이해하고 학생과 학부모의 입장도 이해해야 하는 중간자 입장에 있다. 어느 한쪽으로 치우치는 순간 신뢰를 잃고 만다. 그러한 입장에서 어떤 경우에는 적법 절차에 따라서, 때로는 법을 떠나 합리적인 선택을 통해 학교폭력 사안이 처리되도록 노력해 왔다.

이 책은 교사와 학부모가 학교폭력예방법과 청소년들을 위한 경찰 활동, 관련 제도를 이해하는 데 도움을 주기 위한 것이다. 학생과 자녀들이 처한 상황에서 적법하고 합리적인 선택을 하는 데 조금이나마 도움이 되었으면 하는 바람이다.

장석문

차례

Part2; 학교폭력 심의 절차의 이해

Part3; 예방과 재발 방지를 위한 안전망

Part4; 학부모와 교사가 꼭 알아야 할 학교폭력 Q&A

1부
시대를 반영하는
학교폭력

어른들 눈에 '이것도 학폭이 될 수 있나?' 싶은 사례도, 아이들 세계에선 성폭력 범죄로 인정되는 경우가 많다. 온라인 수업이 일상화된 후로는 폭력의 양상도 온라인상으로 옮겨 가는 추세다. 변화에 맞추어 관련 법령도 꾸준히 바뀌고 있는데, 이러한 추세를 아이들의 보호자인 학부모와 교사가 미리 알지 못하면 자칫 내 아이들이 범죄자가 되는 것을 지켜보고 있을 수도 있다.

일러두기

1. 이 책에 제시된 학교폭력 사례들은 실제 사례나 언론에 보도된 사례를 참고하여 재구성한 것이다.
2. 이 책에서 안내하는 모든 양식은 교육부 〈학교폭력 사안처리 가이드북〉을 참조하였다.
3. 학교폭력과 관련한 법률의 명칭은 맨 처음 나올 때만 명칭 그대로 사용하고 그 이후에는 줄인 명칭으로 표기하였다. 예: 학교폭력 예방 및 대책에 관한 법률(학교폭력예방법), 정보통신망 이용촉진 및 정보보호 등에 관한 법률(정통망법)

1장
학교폭력에 대한 이해

폭력의 공간이 이동하고 있다

교육부는 매년 학교폭력 실태조사를 진행하고 있으며, 그 결과를 토대로 학교폭력의 예방 및 근절 방안을 마련한다. 2020년 학교폭력 실태조사 결과를 보면 2019년 대비 약간의 감소 추세를 보였으며, 언어폭력, 집단따돌림, 사이버폭력, 신체폭력 등이 대표적인 학교폭력의 유형으로 꼽혔다. 그중 사이버폭력의 비중은 해마다 점점 높아지는 추세로 나타났다. 이는 2020년 코로나19의 영향으로 비대면 수업과 등교수업을 병행하며 생긴 부작용으로 분석된다. 온라인 수업을 경험하면서 사이버 공간 속에서 나타나는 문제점들이 다양한 폭력의 양상으로 변질되고 있다.

가령 카톡방, 익명방, 메신저 등에서 특정한 학생을 대상으로 왕따(따돌림, 괴롭힘) 등을 자행하고, 그 안에 함께 있으며 동조나 가담한 학생들도 가해학생으로 지목되어 다수 대 소수의 가해 행태를 보이고 있다. 또한 사이버폭력이 지속되면서 실제 만남이 이뤄지고 신체폭력과 언어폭력이 병행되는 폭력의 변이 현상이 나타나고 있다.

특히 익명 질문을 통해서 피해학생에게 지속적이면서도 고의적인 언어성희롱이 이뤄지고 합성한 사진 투척 등으로 폭력이 가해지고 있지만, 정작 가해자는 그 폭력의 심각성을 모르는 경우가 많다. 게다가 자신의 행위를 경찰도 알아채지 못한다는 착각으로 지속적인 범행을 저지르고 있다.

이런 사이버 폭력의 경우 가해자를 특정하기 어려운 경우가 많다. 경찰에 사이버 수사를 의뢰하면 조사를 통해 진범을 특정할 수 있으나 조사에 오랜 시간이 걸린다는 단점이 있다. 때문에 가해자가 밝혀질 때까지 피해자의 아픔과 상처는 오래간다.

유명인의 학폭 미투 확산이 알려주는 것

학교폭력과 관련하여 최근 이슈가 되었던 문제는 스포츠계와 연예계 등에서 잇따라 일어난 유명인의 학폭 미투 사건이다. 피해를 호소하는 폭로자의 입장에서는 특정 유명인의 과거 학교폭력 사실을 사이버공간을 통해 알림으로써, 법적인 처벌을 구할 수는 없지만 국민들에게 피해를 호소하여 해소하고자 하는 정화작용이 작동하는 것이다. 해당 유명인과 소속사 등에선 폭로 내용의 사실관계를 파악해야 하며, 사실일 경우 진심어린 반성과 사과의 모습을 보여 줘야 한다. 그러지 않고 대중에게 보여 주기 식의 사과문이나 전문 등으로 해결하려 한다면 오히려 역효과를 거둘 수 있다. 피해자가 한참이나 지난 일을 이제 와서 폭로하는 이유는, 자신에게 상처를 준 상대가 사회에서 인기를 얻으며 활동하고 있는 모습을 매스컴으로 보는 것 자체가 2차 가해로 느껴지기 때문이다. 과거의 일이지만 그들은 여전히 트라우마와 상처를 지니고 살고 있는데, 자신들을 가해한 이들이 떳떳하게 성공해 살아가는 모습을 방송을 통해 본다면 아마도 좌절감을 느낄 것이다.

학창 시절 미숙한 판단력으로 누군가에게 상처를 줄 수도 있지만, 이는 대가와 책임이 따르는 엄연한 범죄다. 잘 몰랐다고 해서 피해자의 상처가 줄어드는 것이 아니기 때문이다. 우리 아이들이 성인이 되어 한 사회의 구성원으로 떳떳한 삶을 살기를 원한다면, 청소년기에 이런 범죄를 저지르지 않도록 교사와 학부모를 비롯한 어른들의 충분한 지도와 보호가 필요하다.

끊임없이 등장하는 신종 학폭

"학교폭력이란 학교 내외에서 학생을 대상으로 발생한 상해, 폭행, 감금, 협박, 약취 · 유인, 명예훼손 · 모욕, 공갈, 강요 · 강제적인 심부름 및 성폭력, 따돌림, 사이버 따돌림, 정보통신망을 이용한 음란 · 폭력 정보 등에 의하여 신체 · 정신 또는 재산상 피해를 수반하는 행위를 말한다."

학교폭력에 대해 학교폭력 예방 및 대책에 관한 법률(이하 학교폭력예방법)은 제2조 제1호에 위와 같이 규정하고 있지만, 학교폭력 유형은 점차 진화하여 생각지도 못한 형태로 진화하고 있다. 그러므로 학교폭력이 발생했을 때는 위 규정을 기준으로 삼되 적용 범위를 좀 더 폭넓게 할 필요가 있다. 법원의 판례도 형사처벌과는 별개로 '학교폭력'의 개념을 넓게 해석할 필요가 있다고 명시하고 있다.

서울행정법원 판례 2014구합250

학교폭력법의 목적 및 정의 규정의 문언을 살펴볼 때, 학교폭력은 위에서 나열한 폭행, 명예훼손 · 모욕, 따돌림 등에 한정되지 아니하고 이와 유사하거나 동질의 행위로서 학생의 신체 · 정신 또는 재산상의 피해를 수반하는 모든 행위를 포함한다고 할 것이고, 위에서 말하는 명예훼손 · 모욕 역시 형법상 명예훼손죄, 모욕죄와 동일하게 보아 그 성립 요건 구비 여부에 따라 판단할 것이 아니라 학생의 보호 및 교육 측면에서 달리 해석하여야 할 필요가 있다.

청소년들 사이에 유행하는 생활문화는 하루가 다르게 변화하고 있고,

그들의 대화 용어는 기성세대들이 이해할 수 없는 것들이 많다. 대표적으로 '패드립'이란 용어는 불과 수년 전엔 의미 자체가 불분명했지만, 지금은 오픈사전에 용어의 뜻이 풀이되어 있을 만큼 일반화되어 있다.

최근 일어난 학교폭력 중 한 가지 가상 사례를 보자.

A와 B는 중학교 남녀 학생으로 아는 사이다. 그런데 A 남학생이 B 여학생의 페이스북 계정을 임의로 만들고는, 프로필 사진으로 눈동자가 위로 향하고 있는 만화 그림을 올렸다. 이 사실을 알게 된 B 여학생이 이를 '사이버 성폭력'으로 학폭위에 신고했다. 위로 치켜뜬 눈만 보이는 이 만화 그림이 사이버 성폭력에 해당할까?

어른들은 잘 모르지만 청소년들 사이에서 이것은 성을 암시하는 '아헤가오'라는 표현으로 일본 만화에서 유래한 것이다. 학교폭력 관련자들은 학생이고, 학생들의 입장에서 판단해야 하므로 지인을 성적으로 모욕한 이 행동은 학교폭력으로 인정해야 한다는 결론이 나온다.

이렇듯 청소년들의 문화는 기성세대들이 따라가지 못하는 속도로 변화하고 있고, 새로운 학교폭력 유형이 지속적으로 나오고 있다. 특히 코로나19 영향으로 학교에 가지 않고 집에서 머무는 시간이 늘어나고 인터넷 이용이 증가하면서 사이버 학교폭력 발생률은 크게 증가했다. 교육부 조사에 따르면 전체 학교폭력 가운데 사이버 폭력 발생 비율은 2019년 8.9%에서 2020년에 12.2%로 증가한 것으로 나타났다.

사이버 학교폭력이 사이버 공간에서 이루어지는 범죄를 이야기하지만, 사이버 공간에서 비롯되는 직·간접적인 요인까지 포함한다면 청소년들의 학교폭력이나 비행은 거의 대부분 사이버와 연관되어 있다는 점에 주목할 필요가 있다. 학생들이나 자녀들의 사이버 공간은 사적인 영역으로 열람이나 지도가 어렵다. 그렇기 때문에 문제가 발생한 후에야 인지된다는 점은 매우 우려스러운 부분이다.

사이버 폭력과 함께 청소년들 사이에서 사이버 도박도 유행하고 있다. 도박은 자연스레 불법적인 금전 거래를 초래하게 되고 결국 금품 갈취와 공갈, 협박으로 이어진다. 핸드폰으로부터 비롯되는 학교폭력은 일일이 언급할 수 없을 만큼 그 유형이 다양하다.

사이버 성폭력도 매우 빠르게 증가하고 있다. 청소년기에 사소한 호기심에서 비롯된 행위로 성범죄자가 되는 것은 본인은 물론 학부모에게 가장 고통스러운 일이다. 일이 벌어진 이후에도 가해학생과 피해학생 모두 학교생활에 심각한 후유증을 겪게 된다. 신체 접촉 없는 사이버 공간에서의 성폭력도 신상정보 공개 대상이 되는 성범죄라는 것을 학생들은 잘 모르고 있다. 사이버 성범죄는 성에 대한 인식이 미성숙한 청소년이 쉽게 범할 수 있다는 점에서 위험성은 더 크다.

학교폭력에 대한 지식은 이제 보편적인 상식으로 자리 잡았다. 그러나 신종 학교폭력이 끊임없이 생겨나고 있으므로 변화하는 학교폭력의 유형에 대해 관심을 가질 필요가 있다. 변화하는 추세에 맞게 관련 법률에 대한 개정이나 입법도 활발하다. 학교나 가정에서도 이러한 움직임에 관심을 갖고, 바뀌는 법률과 그 법률에 저촉되는 행위들을 잘 안다면 아이들을 지도하는 데 도움이 될 것이다.

2장
학교폭력예방법 개정 동향

　최근의 입법 동향에서 단연 돋보이는 점은 사이버 학교폭력에 대한 입법 움직임이 활발하다는 것이다. 사이버 폭력에 대한 개별 법률에도 제재 규정이 활발하게 만들어지고 있고, 학교폭력예방법에서도 사이버 학교폭력에 대한 개념을 명확히 하고 그 예방 및 대응 체계를 구축하고자 하는 노력이 계속되고 있다. 더불어 장애학생의 특성을 고려하여 학교폭력예방법상 장애학생 보호를 위한 심의절차를 강화하려는 움직임도 보인다.

　이제 지금까지의 폭행이나 따돌림, 모욕 등 학교폭력 행위에 대한 이해에 그쳐서는 학교폭력에 대해 이해하고 있다고 말할 수 없는 상황이 되었다. 또 학교 현장에서도 사안 해결을 위해 관련법에 대한 구체적 이해가 필요하다.

사이버 학교폭력 정의 조항 신설

현행 학교폭력예방법은 학교폭력의 범주에 '정보통신망을 이용한 음란 폭력 정보 등에 의하여 신체·정신 또는 재산상의 피해를 수반하는 행위'를 포괄하고 '사이버 따돌림'에 대해서도 규정하고 있으나 '사이버 학교폭력'에 대해서는 별도로 규정하고 있지 않다. 하지만 사이버 학교 폭력에 따른 피해가 빠르게 증가하고 있는 상황이다. 이런 추세를 반영하여 사이버 학교폭력의 실태 조사와 예방 교육이 효과적으로 이루어지도록 관련 입법 노력도 활발하다.

※유준병 의원 대표 발의안(제21-11298) 등 5건 교육소위 계류 중(2021년 10월 기준)

현 행	개 정 안
제2조(정의) 이 법에서 사용하는 용어의 정의는 다음 각 호와 같다. 1. "학교폭력"이란 학교 내외에서 학생을 대상으로 발생한 상해, 폭행, 감금, 협박, 약취·유인, 명예훼손·모욕, 공갈, 강요·강제적인 심부름 및 성폭력, 따돌림, 사이버 따돌림, 정보통신망을 이용한 음란·폭력 정보 등에 의하여 신체·정신 또는 재산상의 피해를 수반하는 행위를 말한다.	1. 현행와 같음. 1의 2. "사이버 학교폭력"이란 인터넷, 휴대전화 등 정보통신기기를 이용하여 학생을 대상으로 발생한 협박, 약취·유인, 명예훼손·모욕, 공갈, 강요·강제적인 심부름, 성폭력 및 사이버 따돌림 등에 의하여 신체·정신 또는 재산상의 피해를 수반하는 행위를 말한다.

사이버 보복행위 금지 조항 신설

학교폭력예방법은 학교폭력 가해학생에 대한 조치(제17조 제1항)로 '피해학생 및 신고 · 고발 학생에 대한 접촉 · 협박 및 보복행위의 금지'를 규정하고 있다. 그러나 물리적 폭행보다는 SNS를 이용한 2차 가해 등 보복행위가 이루어지고 있어 보복행위 금지 유형에 정보통신기기를 이용한 행위를 추가하여 대면 · 비대면을 포괄할 수 있도록 법률 개정안이 발의된 상태다.

※**정청래 의원 대표 발의안(제21-12319) 등 3건 교육소위 계류 중(2021년 10월 기준)**

현 행	개 정 안
제17조(가해학생에 대한 조치) ① 생략 1. (생략) 1. 피해학생 및 신고 · 고발 학생에 대한 접촉, 협박 및 보복행위의 금지	제17조(가해학생에 대한 조치) ① 현행과 같음 1. (현행과 같음) 2. 대면 · 비대면, 인터넷 · 휴대전화 등 정보통신기기 등을 이용해 피해학생 및 신고 · 고발 학생에 대한 접촉, 협박, 상해, 폭행, 감금, 약취 · 유인, 명예훼손 · 모욕, 공갈 등 보복행위의 금지

장애학생에 대한 보호 강화

학교폭력예방법은 2020년 개정을 통해 학교폭력의 피해학생 또는 가해학생이 장애학생인 경우 학교폭력대책심의위원회(이하 심의위원회)가 심의 과정에서 장애인 등에 대한 특수교육법 제2조 제4호에 따른 특수교육교원 등 특수교육 전문가 또는 장애인 전문가를 출석하게 하거나 서면 등의 방법으로 의견을 청취할 수 있도록 하였다.(제16조의2 ②항)

그런데 장애학생 또는 보호자가 특수교육 전문가, 장애인 전문가의 의견 청취를 요청할 경우, "의견을 들어야 한다."는 규정이 없어 장애학생 관련 심의 과정에서 장애학생의 보호가 미흡할 수 있다는 지적이 있어 이를 강화하려는 움직임도 있다.

※최기상 의원 대표 발의안(제21-11723) 교육소위 계류 중(2021년 10월 기준)

현 행	개 정 안
제16조의 2 (장애학생의 보호)	제16조의 2 (장애학생의 보호)
① 생략	① (현행과 같음)
② 심의위원회는 피해학생 또는 가해학생이 장애학생인 경우 심의과정에서 「장애인 등에 대한 특수교육법」 제2조 제4호에 따른 특수교육교원 등 특수교육 전문가 또는 장애인 전문가를 출석하게 하거나 서면 등의 방법으로 의견을 청취할 수 있다. 〈단서 신설〉	② --- 다만, 심의위원회는 피해학생인 장애학생 또는 그 보호자의 의사를 확인하여 장애학생 또는 그 보호자의 요청이 있는 경우 반드시 의견을 청취하여야 한다.

3장

사이버 성폭력에 대한 관련법 동향

학교폭력을 이해하기 위해서는 사이버 성폭력 범죄에 대한 구체적인 이해가 필요하다. 사이버 성폭력을 비중 있게 언급하는 이유는, 다른 유형의 학교폭력에 비해 사안의 심각성이 크고 이슈가 되기도 하며 피해와 후유증이 오래 지속되기 때문이다.

2020년에 사회적으로 이슈가 되었던 소위 'N번방' 사건이 계기가 되어 성 관련법의 기준을 확대 강화 적용하는 방향으로 개정하게 되었는데, 그 내용을 보면 기존에 처벌되지 않았던 행위들도 개정법에서는 처벌 대상에 포함되는 경우가 많다. 따라서 학생을 지도하는 교사나 학부모가 법에 저촉되는 사이버 성폭력에 대해 이해하고 있다면 자녀와 학생들을 지도하는 데 도움이 될 것이다.

아동·청소년의 성보호에 관한 법률

아동·청소년의 성보호에 관한 법률(이하 청소년성보호법)의 취지와 목적은 아동·청소년을 성범죄로부터 보호하고 아동·청소년이 건강한 사회 구성원으로 성장할 수 있도록 하기 위함이다. 19세 미만은 모두 이 법의 보호 대상이다. 이 법에 따라 아동이나 청소년이 등장하는 성 관련 동영상은 전송받거나 시청만 하여도 처벌받을 수 있다. 또한 19세 이상의 성인이 아동·청소년을 상대로 성적 욕망이나 수치심을 주는 대화를 지속할 경우 청소년성보호법으로 처벌받게 된다.

청소년들은 인터넷을 통해 성 영상물을 전송받기도 하고 이를 친구들과 함께 시청할 가능성이 높다. 물론 자신들의 행동이 범죄라고 생각하지 못하는 경우가 상당히 많다.

'N번방' 사건 사례를 보면 성착취물을 제작하고 배포한 사람들 중에는 중학생, 고등학생도 있었고 피해자 중 상당수가 청소년들이었다. 이는 성범죄에 대한 인식이 부족하고 아직 미성숙한 청소년들이 그만큼 성범죄에 빠질 위험이 높다는 것을 반증한다 할 수 있다. 따라서 학교와 가정에서 각별한 관심과 교육이 필요한데, 특히 예방 교육을 할 때 행위 유형별 처벌 내용을 구체적으로 알려 주어야 교육 효과가 높다. 관련 범죄에 대한 처벌 내용과 사례를 살펴보자.

제11조 (아동 · 청소년 성착취물의 제작 · 배포 등)

① 아동 · 청소년 성착취물을 제작 · 수입 또는 수출한 자는 무기징역 또는 5년 이상의 유기징역에 처한다.

③ 아동 · 청소년 성착취물을 배포 · 제공하거나 이를 목적으로 광고 · 소개하거나 공연히 전시 또는 상영한 자는 3년 이상의 징역에 처한다.

⑤ 아동 · 청소년 성착취물을 구입하거나 아동 · 청소년 성착취물임을 알면서 이를 소지 · 시청한 자는 1년 이상의 징역에 처한다.

제12조의 2 (아동 · 청소년 성착취 목적 대화 등)

① 19세 이상의 사람이 성적 착취를 목적으로 정보통신망을 통하여 아동 · 청소년에게 다음 각 호의 어느 하나에 해당하는 행위를 한 경우에는 3년 이하의 징역 또는 3천만 원 이하의 벌금에 처한다.

1. 성적 욕망이나 수치심 또는 혐오감을 유발할 수 있는 대화를 지속적 또는 반복적으로 하거나 그러한 대화에 지속적 또는 반복적으로 참여시키는 행위.

2. 제2조 4호 각 목의 어느 하나에 해당하는 행위*를 하도록 유인 · 권유하는 행위.

* 성교행위, 유사성교행위, 성적 수치심이나 혐오감을 일으키는 행위, 자위행위를 말함.

〈사례 1〉

A는 중학생인 B에게 모바일 상품권을 주기로 하고 자위행위 장면을 촬영하도록 시켰고 이에 B는 스마트 폰으로 촬영하였다.

☞ A는 직접 촬영하지 않았지만 법은 가해자가 직접 촬영하지 않는 경우도 '제작'으로 간주하여 처벌하고 있다.(청소년성보호법 제11조 제1항)

〈사례 2〉

고등학생인 A와 B는 상호 동의하고 성관계 영상을 촬영하였으나, A는 해당 영상을 B의 동의 없이 친구들에게 전송하였다.

☞ 미성년자끼리 성관계 영상물을 촬영하고 배포한 경우 청소년성보호법에 의하여 처벌될 수 있다.(청소년성보호법 제11조 제3항) 이 법은 성인이 아동·청소년을 대상으로 할 것을 요구하지 않는다.

성폭력 범죄의 처벌 등에 관한 특례법

청소년들이 가장 흔하게 범하는 행위 중 하나가 핸드폰을 이용한 성범죄이다. 이러한 행위의 대부분은 사이버 성폭력과 연관되어 있다. 성폭력 범죄의 처벌 등에 관한 특례법(이하 성폭력특별법)상 청소년들이 자주 범하는 범죄 행위와 관련된 규정은 다음과 같다.

제13조 통신매체를 이용한 음란행위

① 자기 또는 다른 사람의 성적 욕망을 유발하거나 만족시킬 목적으로 전화, 우편, 컴퓨터, 그 밖의 통신매체를 통하여 성적 수치심이나 혐오감을 일으키는 말, 음향, 글, 그림, 영상 또는 물건을 상대방에게 도달하게 한 사람은 2년 이하의 징역 또는 2천만 원 이하의 벌금에 처한다.

제14조 카메라 등을 이용한 촬영

① 카메라나 기계장치를 이용하여 성적 욕망 또는 수치심을 유발할 수 있는 사람의 신체를 대상자의 의사에 반하여 촬영한 자는 7년 이하의 징역 또는 5천만 원 이하의 벌금에 처한다.
② 촬영 당시에는 촬영대상자의 의사에 반하지 아니한 경우에도 사후에 그 촬영물 또는 복제물을 촬영대상자의 의사에 반하여 반포 등을 한 자는 7년 이하의 징역 또는 5천만 원 이하의 벌금에 처한다.
④ 제1항 또는 제2항의 촬영물 또는 복제물을 소지 · 구입 · 저장 또는 시청한 자는 3년 이하의 징역 또는 3천만 원 이하의 벌금에 처한다.

제14조의 2 허위 영상물 등의 반포 등

① 반포 등을 할 목적으로 사람의 얼굴 · 신체 또는 음성을 대상으로 한 촬영물 · 영상물 또는 음성물을 영상물 등의 대상자의 의사에 반하여 성적욕

망 또는 수치심을 유발할 수 있는 형태로 편집·합성 또는 가공한 자는 5년 이하의 징역 또는 3천만 원 이하의 벌금에 처한다.

제14조의 3 촬영물 등을 이용한 협박·강요
① 성적 욕망 또는 수치심을 유발할 수 있는 촬영물 또는 복제물을 이용하여 사람을 협박한 자는 1년 이상의 유기징역에 처한다.

〈사례 1〉

전철역 에스컬레이터에서 스마트 폰으로 치마 속을 촬영하다 발각되었다.

☞ 촬영 중 검거되어 저장되지 않았더라도 미수가 아닌 '카메라 등을 이용한 촬영죄'가 성립하여 처벌된다. (성폭력특별법 제14조)

〈사례 2〉

같은 반 여학생의 사진을 음란물과 합성하여 카톡방에 올렸다.

☞ 합성기술을 이용한 성적 영상물을 만들어서 유포하는 경우 성폭력특별법으로 처벌받는다.(성폭력특별법 제14조의2 제1항) 청소년들 사이에서 '지인능욕'이라는 행위가 유행하고 있다. 언론을 통해 보도되는 '딥페이크'도 같은 유형으로, 사이버상 합성기술을 이용해 성적 수치심이나 모욕적

인 영상물을 제작하고 유포하는 행위에 해당된다.

〈사례 3〉

A는 몰래 촬영한 성관계 영상을 친구가 카카오톡으로 보내 주자 이를 시청하였다.

☞ 성착취 영상물은 전송받거나 시청만 해도 처벌받는다.(성폭력특별법 제14조 제4항)

〈사례 4〉

- A는 자신의 성기 사진을 찍어 평소 짝사랑하던 여학생에게 카톡으로 보냈다.

- B는 자기와 헤어지고 다른 남자를 사귀는 여자 친구에게 욕설과 음란한 문자를 보냈다.

☞ 불법촬영물이 아닌 자신이 자신의 신체를 찍은 음란한 영상, 사진, 문자 등을 전송할 경우 '통신매체를 이용한 음란행위'로 처벌받는다.(성폭력특별법 제13조) 청소년들이 음란한 영상물 전송이 처벌의 대상이 된다는 것을 아는 경우는 많지만, 욕설 문자가 성범죄로 처벌받을 수 있다는 사실은 모르는 경우가 많다. 청소년들의 대화 중 욕설이 많고, 그중 음란성을 띠고 있는 것도 많아 뜻하지 않게 성범죄로 처벌받을 수도 있다.

정보통신망 이용촉진 및 정보보호 등에 관한 법률

청소년들은 음란한 문자나 성적 모욕을 주는 문자를 흔하게 사용하기도 한다. 그런데 별 생각 없이 습관적으로 보낸 문자가 상대방에게 성적 모욕을 주는 내용에 포함된다면, 이는 단순 사이버 모욕이 아닌 정보통신망 이용촉진 및 정보보호 등에 관한법률(이하 정통망법)에 따라 처벌받을 수 있다. 정통망법은 불법정보의 유통을 금지하고 있다.

제44조의 7 불법정보의 유통 금지

① 누구든지 정보통신망을 통하여 다음 각 호의 어느 하나에 해당하는 정보를 유통하여서는 아니된다.

1. 음란한 부호 · 문언 · 음향 · 화상 또는 영상을 배포 · 판매 · 임대하거나 공공연하게 전시하는 내용의 정보(1년 이하의 징역 또는 1천만 원 이하의 벌금)

〈사례 1〉

A는 텔레그램 단체 대화방의 접속 링크를 게시하여 음란물을 공공연하게 전시하였다.

☞ 음란물 등을 사이버 상에 올리거나 링크에 접속하여 볼 수 있도록 한 경우 처벌받는다.

4장
스토킹, 이제는 학교폭력 범죄

자신의 마음을 고백하고 지속적으로 애정 표현을 해서 상대방의 마음을 얻어냈다는 기성세대들의 사랑 이야기는 이제 범죄행위가 될 수도 있다.

2021년 10월 21일부터 발효된 '스토킹범죄의 처벌 등에 관한 법률'(이하 스토킹처벌법)에 의하면, 그동안 범죄로 인식되지 않았던 스토킹도 처벌의 대상이 된다. 그 이전까지 스토킹은 2012년 경범죄처벌법 개정으로 신설된 '지속적 괴롭힘'(경범죄처벌법 제3조 제1항 제41호) 조항으로 처벌(범칙금 8만 원)해 왔다. 그러나 처벌이 가볍다는 비판과 스토킹이 강력범죄로 이어지는 위험성 때문에 강력한 처벌이 필요하다는 지적이 계속되어 왔다.

스토킹처벌법을 보면, 우선 스토킹 개념 적용의 폭이 넓어졌다. 흔히 남녀 관계에서만 스토킹이 있을 거라 생각할 수 있지만, 이 법에서는 연인 등의 교제 요구뿐만 아니라 호의·악감정 등 목적의 제한을 두고 있지 않다. 즉 고용관계나 채무관계, 층간소음 분쟁 등 여러 사회적 관계 및 일상생활에서 다양한 형태로 스토킹이 발생할 수 있다는 것이다. 이는 학교폭력에서도 스토킹이 인정될 수 있음을 의미한다.

스토킹처벌법은 스토킹 행위와 스토킹 범죄를 구분하여 규정하고 있다. 스토킹 행위가 지속적 또는 반복적으로 이루어지면 스토킹 범죄가 된다. 학교폭력에 이를 적용한다면, 그동안 '지속적 괴롭힘' 등으로 처리해 왔던 것들이 '스토킹'이라는 명확한 가해 행위 유형으로 분류되어 학폭 절차를 진행하게 되는 것이다.

스토킹 행위와 스토킹 범죄

교육부와 방통위는 사이버 스토킹에 대해 다음과 같이 정의하고 있다.

"공포심이나 불안감을 유발하는 문자·음향·영상 등을 휴대폰 등 정보통신망을 통해 반복적으로 보내는 행위."

〈학교폭력 사안 처리 가이드북〉(2021, 교육부)

"특정인이 원치 않음에도 반복적으로·공포감·불안감을 유발하는 이메일이나 문자(쪽지)를 보내거나 블로그, SNS 등에 댓글 등의 흔적을 남기는 행위."

〈사이버 폭력 실태조사〉(2020, 방송통신위원회)

스토킹처벌법에서는 스토킹 행위에 대해 "상대방의 의사에 반(反)하여 정당한 이유 없이 상대방 또는 그의 동거인, 가족에 대하여 다음 각 목의 어느 하나에 해당하는 행위를 하여 상대방에게 불안감 또는 공포심을 일으키는 것"으로 정의하고 있다.(스토킹처벌법 제2조)

상대방에게 접근하거나 따라다니거나 진로를 막아서는 행위, 일상적으로 생활하는 장소 부근에서 기다리거나 지켜보는 행위, 정보통신망을 이용하여 물건이나 글, 영상, 화상 등을 도달하게 하는 행위, 제3자를 통해 물건 등을 도달하게 하는 행위, 주거지 또는 그 부근에 놓여 있는 물건 등을 훼손하는 행위는 모두 스토킹 행위에 포함된다. 이러한 스토킹 행위가 상대방의 거부 의사에 반해 지속적 또는 반복적으로 이어지면 '스토킹 범죄'가 된다. 상대방의 거부 의사는 명시적이지 않더라도 추정될 수 있으며, 스토킹 범죄는 3년 이하 징역, 3천만 원 이하 벌금으로 처벌된다.

스토킹에 의한 학교폭력 유형

따돌림	지속적이거나 반복적으로 신체적 또는 심리적 공격을 가하여 상대방이 고통을 느끼도록 하는 모든 행위 (학교폭력예방법 제2조 제1의 2호)
사이버 따돌림	인터넷, 휴대전화 등 정보통신기기를 이용하여 지속적, 반복적으로 심리적 공격을 하거나 개인정보 또는 허위사실을 유포하여 상대방이 고통을 느끼도록 하는 모든 행위(학교폭력예방법 제2조 제1의 2호)
추근거림	가까이 접근하거나 가는 길을 막는 행위
협박 · 위협	협박이나 위협이 지속적인 문자메시지나 SNS, 메모, 우편 등에 의해 행해지는 경우

학교폭력예방법상 '따돌림' 및 '사이버 따돌림'이나 '협박' 등의 행위는 스토킹 범죄가 될 수 있다.

학생들이 잘 모르고 흔히 저지를 수 있는 스토킹 범죄 사례는 다음과 같다.

- 우연히 알게 된 A를 만나려고 집 앞에 찾아가 오기를 기다리거나 계속 지켜보는 행위.
- 교제하던 이성친구 B로부터 "이제 그만 만나자. 연락하지 말라."는 요구를 받았음에도 B에게 계속해서 전화를 걸고 페이스북 등 SNS로 메

시지를 보내는 행위.

- 좋아하는 이성친구 C의 교실에 찾아가 반복적으로 C가 원치 않는 꽃이나 선물을 놓아두는 행위.
- D의 같은 반 친구에게 D의 전화번호를 요구하며 만나게 해 달라고 지속적으로 요구하는 경우. 이는 D에 대한 스토킹 행위는 아니지만, D의 같은 반 친구가 불안감, 공포심을 느낀 경우 스토킹 행위에 해당할 수 있다.
- 좋아하는 E의 집 앞에 계속 대기하면서 지속적으로 따라다니는 행위.
- 같은 학교 학생 F를 괴롭히기 위해 계속 따라다니면서 F의 집과 학교 주변 벽에 낙서하는 행위.

스토킹에 의한 학교폭력은 단순히 길을 따라오는 행동 외에 다양한 형태의 범죄로 발전할 수 있으므로 상대방의 반복된 행위로 인해 정신적·신체적 피해가 발생한 경우 주저하지 말고 반드시 교사나 학교전담 경찰관에게 즉시 도움을 요청해야 한다. 학생들도 상대방의 의사에 반하는 지속적인 또는 반복적인 행위는 스토킹 범죄로 처벌받을 수 있음을 인지하고 있어야 한다.

2부
학교폭력
심의절차의 이해

학부모의 입장에서 가장 큰 고민은 학교와 교육청에서 진행
하는 학교폭력 심의 절차를 진행할 것인지 하는 것이다. 상호
화해의 방법을 선택할지, 학폭 심의 절차와 형사고소를 선택
할 것인지 선택의 기로에 서게 된다. 어떤 선택을 하든 가장
중요한 건 '자녀의 의사를 충분히 반영해야 한다'는 점이다.

1장

신고하기 전에 생각해 볼 것들

당사자가 원하는 것은 무엇인가

만약 우리 아이가 학교폭력 피해를 당한다면? 그런 일을 겪지 않으면 좋겠지만, 혹시라도 겪게 된다면 부모는 어떻게 해야 할까? 일단 내 자녀에게 이런 일이 생기면 당황하여 어찌 해야 할지 모르는 경우가 많다. 만에 하나 발생할지 모를 일을 대비해 학교폭력 심의 절차에 대해 미리 인지하고 있다면, 내 자녀를 보호하고 또한 학교폭력 예방 교육을 하는 데에도 도움이 될 것이다.

경찰에 들어오는 학교폭력 신고는 112, 117, 첩보, SPO 등 다양한 창구를 통해 들어온다. 학부모들은 보통 경찰에 신고하기 전에 어떻게 해야 하는지 나름의 조사를 거친 후 생각을 어느 정도 정해 두는데, 그 생각이 맞는지 경찰 상담을 통해 확인받고 싶어 하는 경향이 있다.

학폭 피해 자녀를 둔 학부모의 입장에서 가장 큰 고민은 학교와 교육청에서 진행하는 학교폭력 심의 절차를 진행할 것인지 하는 것이다. 심의 절차 이후에도 관련 학생들은 학교에 계속 다니게 되므로 어쩔 수 없이 학교생활을 같이 해야 하기 때문이다. 상호 화해의 방법을 선택할지, 학폭 심의 절차와 형사고소를 선택할 것인지 선택의 기로에 서게 된다.

여기서 어떤 선택을 하든 가장 중요한 건 '자녀의 의사를 충분히 반영해야 한다'는 점이다.

학교폭력 발생 초기에 학부모는 자기 생각을 기준으로 삼고 결정을 하려는 경향이 있다. 이런 경우 부모가 자녀의 생각을 지배하게 될 수 있는데, 그렇게 되면 상황을 정확하게 파악하지 못하고 왜곡하게 될 가능성이 높다. 내 자녀가 일방적인 피해자라고 생각을 굳히게 되는 순간, 화해를 통한 관계 회복이 충분히 가능한 경미한 사안도 법적 해결이나 학폭 심의 절차로까지 넘어갈 가능성이 높다.

반대의 경우도 있다. 자녀는 상대편을 학폭위에 신고하고 법적 처벌이 이루어지길 원하는데, 부모님이 앞으로 잘 지내 보라는 식으로 사안을 마무리해 버리는 경우이다. 크면서 서로 싸울 수도 있고 싸우고 나면 더 친해진다고 생각하기 때문이다.

그런데 부모들이 간과하는 부분 중 하나는 학교폭력 피해학생들 중 상당수 아이들은 '부모가 자기를 지켜 주지 못할 것'이라는 생각을 하고 있다는 점이다. 극단적 선택을 시도하는 학생들 중 상당수는 평소에 부모님이 피해 사실을 모르고 있었던 경우가 많다. 언론 보도를 통해서도 종종 접할 수 있는데, '유서를 통해 지속적으로 괴롭힘을 받아 왔다는 사실을 알게 되는 것'이다.

학교폭력에 지속적으로 노출되면 거기에 지배되고 무기력해지면서 스스로 부모님에게 알리거나 신고해서 도움을 구할 의지마저 제약당하게 된다. 필자와 상담했던 학생 중에는 "엄마가 한 번도 자기편이 되어준 적이 없었다"고 말한 학생도 있었다. 그 학생은 엄마에게 친구들이 자신을 따돌리는 것 같다는 말을 몇 번 했지만 돌아온 대답은 늘 같았다고 한다. "네가 잘하면 돼. 친하게 지낼 수 있도록 네가 더 노력해 봐."

부모는 어른의 입장이 아닌, 아이의 입장에서 아이의 목소리에 좀 더 예민하게 귀를 기울여야 한다.

사건 인지 후 파악해야 할 4가지

그렇다면 자녀와 관련된 학교폭력 문제를 알게 되었을 경우, 어떻게 대응해야 할까?

첫째, 정확히 사안을 파악해야 한다.

자녀의 말만 듣고 성급하게 파악할 경우 사안의 경중에 관계없이 상호 간에 감정싸움으로 번져 해결이 어려워지기도 한다. 가해자 측 입장이라면 피해자 보호나 화해를 위한 치료와 사과와 함께 적극적인 노력이 필요하다.

둘째, 사안에 따라 형사고소나 학폭 심의 절차를 진행할 것인지, 아니면 둘 다 진행할 것인지 심사숙고해야 한다. 이 결정에 있어서 중요한 것은 자녀의 의사를 존중하는 것이다. 하지만 또한 자녀의 의사를 전적으로 들어서도 안 된다. 학교폭력을 당한 학생들 상당수는 학교폭력의 스트레스로 인해 심의 절차도 피하고 뒤로 숨으려 하거나 혹은 가해학생들이 무서워 심의를 기피하는 경우도 있기 때문이다.

셋째, 가·피해 상황이 서로 얽혀 있는 경우 이를테면 쌍방으로 학폭 절차가 진행될 경우인지 파악해야 한다. 쌍방이 모두 자신의 자녀가 피해자라고 생각하고 학교폭력심의 절차나 형사 절차를 진행하여 쌍방 학교폭력으로 진행될 경우 양측 모두 제재가 불가피하기 때문이다.

여기서 학부모의 판단과 법적 판단이 상충되는 경우가 종종 있다. 이를테면 양측 학생이 상호 폭력을 행사했지만 일방이 많이 맞았고 한쪽은 한 대만 때린 경우를 가정해 보자. 피해가 큰 학생 측에서는 형사고소나 학폭 절차를 진행할 것이다. 또한 거의 일방적인 폭력을 행사한 측에서도 한 대 맞았다는 것을 이유로 소위 맞고소를 할 것이다. 이 경우 쌍방 폭행으로 형사 절차와 학폭 심의 절차가 진행되면 양형이나 처분의 경중에 차이가 있을 뿐 모두 처벌받게 된다.

학부모의 입장에서는 원인 제공을 먼저 해서 그랬다거나 상대편의 가해 행위에 대한 정당방위를 주장하기도 하지만, 심의 절차에서 처분 결정에 참고가 될 뿐 일방이 면책을 받기는 쉽지 않다. 형사 절차에서도 마찬가지로 폭력행위 등이 정당방위로 인정받기는 어렵다.

사안이 중하거나 장기간 반복된 학교폭력이 아니라면 서로 화해하고 관계 회복을 위해 노력하는 것도 현명한 방법이다. 학교폭력특별법 개정을 통해 '학교장 자체 종결' 방안을 도입한 이유도 이처럼 무분별하게 학교폭력 심의에 회부되는 문제점을 해소하기 위해서이다.

넷째, 학폭 심의 절차를 진행해도 내가 원하는 처분은 나오지 않을 수 있다는 점을 고려해야 한다. 학교폭력예방법의 입법 취지는 교육적이고 학생을 보호하는 차원에서 결정을 하도록 하고 있다.

학교장 자체 해결이 가능한 사안인가

법률 개정 전 학교폭력예방법은 학교에서 학교폭력 신고를 접수하면 학폭 절차를 진행하도록 규정하고 있었다. 이로 인해 경미하고 화해로 종결할 수 있는 사안도 예외 없이 학폭 절차에 회부하게 되어 결과적으로 처분권 남용과 행정력 낭비라는 문제점이 대두되었다. 이를 시정하고 한 번 더 숙고할 수 있는 기회를 제도적으로 마련하는 차원에서 2020

년 학교폭력예방법 법률 개정을 통해 일부 사안은 학교장 자체 해결이 가능하도록 했다. 경미한 사안으로 화해가 가능한 경우에는 학폭 심의 절차 진행 전에 학교장 권한으로 해결할 수 있도록 한 것이다.

학교장 자체 해결 가능한 학교폭력 사안은 다음의 요건을 갖추어야 한다.

학교폭력예방법 제13조의2(학교장의 자체 해결)

······생략······ 피해학생 및 그 보호자가 심의위원회의 개최를 원하지 아니하는 다음 각 호에 모두 해당하는 경미한 학교폭력의 경우 학교장은 학교폭력사안을 자체적으로 해결할 수 있다.

① 2주 이상의 신체적 정신적 치료를 요하는 진단서를 발급받지 않은 경우

② 재산상 피해가 없거나 즉각 복구된 경우(추후 재산상 피해를 복구해 줄 것을 확인한 경우)

③ 학교폭력이 지속적이지 않은 경우

④ 학교폭력에 대한 신고, 진술, 자료제공 등에 대한 보복행위가 아닌 경우

위 네 가지 요건이 갖추어지고 학생과 학부모가 학교장 자체 해결에 대해 동의할 경우 학교장은 자체 해결 사안으로 처리하고, 학생들이 화해하고 관계 회복을 할 수 있도록 학교에서의 조치를 하게 된다. 이 경우 학교생활기록부 등에 그와 관련한 학교폭력 내용이 기록되지 않는다.

때로 자체 종결 요건을 갖추고 있더라도 관련자들 간 갈등이 해소되지 않아 관계 회복이 안 된 경우 학교폭력 심의 절차가 진행되기도 한다.

그러므로 학교장 자체 해결을 위해서는 양측 당사자의 화해가 선결되어야 한다. 학교폭력 사안이 발생하면 학교에서는 우선적으로 사안 조사와 함께 학교장 자체 해결 가능성을 검토하고 요건에 부합하는 경우 화해를 위한 중재를 한다. 이러한 학교의 노력이 간혹 학부모의 입장에서 학교에서 사안을 처리하지 않고 무마하려고 한다는 오해를 불러오기도 한다. 학교폭력 문제로 상담하러 온 학부모들 중에는 "학교를 믿지 못하겠다", "편파적이다", "제대로 처리하지 않고 무마하려고 한다"고 주장하는 경우도 종종 있다.

하지만 학교 입장에서, 학교폭력을 무마해서 얻을 이익은 없다. 학교폭력 절차를 진행하지 않고 학교장 자체 종결을 하려는 경우는 사안을 고려했을 때 학생을 위해 그것이 더 유익한 방안이라고 판단했기 때문일 것이다. 학교 입장에서는 학부모와 관련 학생들을 화해시키기 위해 쏟는 노력보다 학폭 절차에 회부하는 것이 훨씬 수월하고 뒷말도 나오지 않는 깔끔한 처리 방법일 수 있다.

그런데 학생들 간 화해를 하고 학교장 자체 종결된 후, 다시 관련 학생들끼리 갈등이 계속되는 경우가 있다. 이럴 땐 어떻게 해야 할까?

초등학교 4학년으로 같은 반인 A와 B는 따돌림으로 학교에 학폭 신고가 되었다. 하지만 피해가 크지 않았고, 자체 종결 요건을 갖추었으므로 학부모는 아이들끼리 화해를 약속받은 후 학교장 자체 종결에 동의했다.

그런데 자체 종결 이후에 둘 사이는 이전처럼 관계 회복이 되지 않았고, 따돌림을 했던 A 학생은 B에게 눈도 마주치지 않는 등 투명인간 취급을 하며 무시하는 행동을 보이기 시작했다. 그런데 명백한 증거는 없다. 따돌림의 피해자였던 B는 다시 따돌림을 받고 있음을 호소하고 있다.

학교장 자체 종결했던 사안인데, 다시 이의를 제기할 방법이 있을까?

결론부터 말하면, 학교장 자체 종결로 처리되는 사안은 그대로 종료하게 된다. 결과에 대해 나중에 불만이 있더라도 다시 동일한 학교폭력 사안으로는 학폭 절차를 진행할 수 없다. 그러므로 학교에서는 그 점을 학부모에게 자세히 설명해 주어야 한다. 다만 학교폭력으로 인한 재산상 손해를 가해학생 및 그 보호자가 복구하기로 약속하였으나 이행하지 않은 경우, 조사 과정에서 확인되지 않았던 사실이 추가로 확인된 경우 학교장에게 학폭 심의위원회 개최 요청을 할 수 있다.

학교장 자체 종결된 학교폭력 사안은 학교에서 어떤 처분을 내린 것은 아니다. 자체 종결은 양측이 화해한 것으로 학폭 절차를 개최하지 않고 양측 학생들이 어떤 처분도 받지 않을뿐더러 학교생활기록부에도 기록되지 않는다. 학교장 자체 종결 사안은 학폭 관련자들에게 불이익한 처분이 없다. 따라서 처분을 전제로 한 이의신청, 행정심판이나 행정소송도 제기할 수 없다.

위 사례처럼 자체 종결 이후에도 반성하는 태도를 보이지 않고 은밀히 따돌림이나 가해행위를 하는 경우, 피해자가 자체 종결했던 사안까지 포함하여 학폭 절차를 진행할 수는 없으며 그 이후에 새롭게 생긴 사안에 대해서만 학폭 절차를 진행할 수 있다. 이전의 사안은 판단하는 데 참고자료가 될 수는 있을 것이다.

피해자나 가해자가 다수인 경우 학교장 자체종결은 어떻게 진행해야 할까?

피해자가 한 명이고 가해자가 다수인 경우 학교장 자체 종결은 피해자가 가해자 전원에 대해 자체 해결에 동의한 경우에 한하여 자체 종결이 가능하다. 가해자를 선택하여 일부는 자체 해결 건으로 하고 일부는 학폭 심의에 회부할 수는 없다는 뜻이다.

가해자가 학생이 아닌 경우 학교장 자체 해결 대상이 아니다. 학교장은 피해학생 보호를 위해 심의위원회 개최를 요청해야 하고 피해학생과 보호자가 보호조치를 원하지 않을 경우 학교장은 심의위원회에 요청하지 않을 수 있다.

신고, 누구에게나 열려 있다

학교폭력 피해를 당한 학생이나 그 학생의 보호자는 학교폭력을 신고할 수 있다. 또한 학교폭력예방법 제20조는 '학교폭력 현장을 보거나 그 사실을 알게 된 자는 관계기관에 즉시 신고하여야 한다'고 명시하고 있다. 즉 학교폭력은 당사자가 아니어도 누구든지 학교나 경찰서, 교육청과 같은 관계기관에 신고할 수 있도록 열어 두고 있다.

학교폭력예방법 제 20조(학교폭력의 신고 의무)

① 학교폭력 현장을 보거나 그 사실을 알게 된 자는 학교 등 관계 기관에 이를 즉시 신고하여야 한다.

② 제1항에 따라 신고를 받은 기관은 이를 가해학생 및 피해학생의 보호자와 소속 학교의 장에게 통보하여야 한다.

〈개정 2009. 5. 8.〉

③ 제2항에 따라 통보받은 소속 학교의 장은 이를 심의위원회에 지체 없이 통보하여야 한다.

④ 누구라도 학교폭력의 예비 음모 등을 알게 된 자는 이를 학교의 장 또는 심의위원회에 고발할 수 있다. 다만, 교원이 이를 알게 되었을 경우에는 학교의 장에게 보고하고 해당 학부모에게 알려야 한다.

〈개정 2009.5.8., 2012.1.26., 2019.8.20.〉

5. 누구든지 제1항부터 제4항까지에 따라 학교폭력을 신고한 사람에게 그 신고행위를 이유로 불이익을 주어서는 아니된다.

〈신설 2012.3.21.〉

학교는 학교폭력이 발생한 경우 학교장이나 교육청에 보고할 의무가 있다. 학교폭력을 신고하는 경로는 다양하다. 112, 117 또는 학교나 학교전담경찰관 등에게 신고할 수 있다.

학교폭력 피해를 입은 학생은 이를 주변에 알려야 한다. 혼자 고민할 경우 사태를 악화시킬 수밖에 없다. 학폭 피해를 입고도 신고하지 않거나 알리지 않으면 폭력은 반복되고 점점 심해진다. 학교폭력은 범죄다. 범죄는 감춰지고 드러나지 않는 것을 양식으로 삼아 생명을 이어간다.

피해 당사자 중에는 심리적으로 위축되어 신고를 두려워할 수도 있는데, 이런 경우 주변에서 신고를 해 주어야 그 친구를 보호할 수 있다. 알면서도 외면한다면 그 친구는 고통 속에서 하루하루를 보내다 극단적인 선택에 내몰릴 수 있다.

학교폭력을 신고하는 것은 피해학생뿐만 아니라 가해학생도 결국에는 보호해 주는 방법이다. 가해학생의 입장에서는 스스로 멈추지 못하는 범죄를 제지시켜 줄 수 있고 더 큰 범죄로 이어지는 것을 미리 막아 주는 조치인 셈이다. 주변 친구들이 학교폭력을 당하고 있다는 사실을 알게 된다면, 신고자의 신분을 노출시키지 않고 신고할 수 있다. 경찰에서도 신고자의 신분을 철저히 보장해 주고 있다.

보복이 두려워 신고하지 못하는 경우도 있다. 가해자가 학교에서 소위 일진이라거나 형들이 뒷배가 되어 주는 학생들일 때 그럴 가능성이 높다. 청소년들은 학폭을 하는 특정 학생보다 그와 어울리는 세력을 두려워하기 때문이다. 하지만 범죄는 노출되어 드러나는 경우 그 힘을 잃는다. 또 법적인 처벌을 받는 순간 신분이 노출되고, 가정 등 주변으로부터 감시의 대상이 되기 때문에 보복행위를 하기 힘들어진다. 물론 보복행위가 더 가중된 처벌을 받는다는 것을 가해자들도 잘 알고 있다.

방관자를 넘어 신고자로

일상에서 우리는 다양한 상황을 목격하게 된다. 학교폭력에도 수많은 목격자가 있지만, "나 말고도 누군가 신고하겠지", "잘못한 게 있으니까 맞고 있겠지", "맞을 만한 이유가 있겠지", "난 저 상황에 전혀 관심 없어"와 같은 식으로 방관자의 태도를 보이는 이들이 많다.

1964년 3월 13일 새벽 미국 뉴욕 퀸스 지역 주택가에서 키티 제노비스라는 여성이 강도에게 살해됐다. 35분이나 계속된 살인 현장을 자기 집 창가에서 지켜본 사람은 모두 38명이었으나 이들 중 어느 누구도 키티 제노비스를 도와주거나 경찰에 신고하지 않았다. 그 여성이 숨진 뒤에 이들 중 단 한 명이 뒤늦게 경찰에 전화를 걸었을 뿐이다. 검거된 범인은 "불빛은 켜져 있었지만, 왠지 사람들이 아래로 내려올 것 같지는 않았어요."라고 답했다.

상당한 충격을 던져 준 이 사건은 이후 '제노비스 신드롬'으로 이름 붙

여겨, 목격자가 많을수록 책임감이 분산돼 개인이 느끼는 책임감이 적어져 도와주지 않고 방관하게 되는 심리현상을 의미하게 되었다. 이른 바 '방관자 효과' 또는 '구경꾼 효과'라고도 말한다.

또한, 미국 컬럼비아대학 빕 라타네와 뉴욕대의 존 달리는 정말로 "집단적 위기 상황에서 정확하게 책임질 사람이 없을 때 어떤 일이 일어나는가?"를 알아보기 위해 실험을 진행했다.

대학생들이 모여 토론하는 방에서 한 학생이 갑자기 간질 발작을 일으킬 때 실험 참여자들이 도와줄지를 알아보는 실험이었는데, 방에 한 사람만 있을 때 그가 도와줄 확률은 85%였던 반면, 5명이 있을 때는 고작 31%(실험 참여자 총 72명)에 불과했다.

즉, 사건을 목격한 사람이 많을수록 개인이 느끼는 책임감은 적어지는 '책임감 분산'이 발생하는 것으로 '방관자 효과'가 실험으로 입증이 된 셈이다.

2017년 '학폭 현장 방관자'를 3가지 유형으로 나눌 수 있다'는 결과를 발표한 김동희 성신여대 간호학과 교수팀은 "서울의 한 중학교 1·3학년 416명을 대상으로 조사한 결과, 폭력 현장에서의 방관자는 괴롭힘에 가담하는 학생, 아웃사이더, 피해자를 옹호하는 학생의 3개 그룹으로 분류됐다"고 밝혔다.

방관자로 있다가 괴롭힘에 가담하는 학생들의 경우 남학생일수록, 하급생일수록, 학업 성취도가 낮을수록 상관성이 큰 것으로 조사됐고, 아웃사이더로 분류된 학생들은 폭력 상황을 회피, 무시, 부인하는 경향이 강한 것으로 나타났다.

피해자를 옹호하는 학생들은 상대적으로 높은 자존심, 높은 공감능력, 뛰어난 사회문제해결능력, 선생님과의 좋은 관계, 괴롭힘에 대한 낮은 부정적 인식, 괴롭힘 당하는 것에 대한 적은 걱정 등이 특징으로 꼽혔다.

이 같은 방관자 유형을 결정하는 가장 큰 요인으로 공감능력, 교사와의 관계, 괴롭힘(학교폭력)에 대한 태도(생각), 괴롭힘에 대한 걱정 4가지를 꼽았다.

학교폭력을 신고하지 않은 방관자는 법적인 처벌 또는 학교폭력대책자치위원회를 통해 다양한 처벌을 받을 수 있다.

종종 학교폭력에서 가해학생과 어울리기는 했지만 학교폭력에 가담하지는 않았거나, 가해학생이 폭력을 행사할 때 본인은 폭력을 행사하지 않았음에도 가해학생과 함께 학교폭력 가해자로 신고를 당하는 경우가 발생한다.

형법에서는 타인의 범죄를 방조할 경우, 형법 제32조에 정의된 종범으로 처벌될 수 있으며, 종범은 정범에 준하는 처벌을 받게 되므로, 학교폭력에 대한 방조(방관)가 인정될 경우 가해학생과 동일한 처벌을 받을 수 있게 되는 것이다.

물론, 학교폭력 방관자에 대한 처벌이 지나쳐서 현재는 방관자라고 하더라도 범행에 깊이 관련이 없는 단순 방관자라면 행정심판에서 방관자에 대한 처벌을 취소하는 사례도 증가하고 있다.

    많은 학생들이 학교폭력을 목격하고도 방관자에 그쳐, 학교폭력예방법으로 처벌된다. 학생들은 방관자가 아닌, 떳떳한 신고자가 돼야 한다. 그러기 위해서는 학교폭력 예방교육에서도 수많은 방관자(목격자)를 고려한 학교폭력 예방교육 프로그램을 설계해야 한다.

2장
학폭 심의 절차의 진행 과정

사건 신고와 조사

학교폭력 현장을 목격하거나 그 사실을 알게 된 자는 학교 등 관계기관에 이를 즉시 신고해야 한다. 또한 신고를 받은 기관은 이를 가해학생 및 피해학생의 보호자와 소속 학교의 장에게 통보해야 한다.(학교폭력예방법 제20조 학교폭력의 신고 의무)

학교폭력 신고전화로 대표적인 117 신고센터로 전화를 하면 상담 및 신고 접수가 이루어지고, 가·피해자의 거주지나 소속 학교를 관할하는 해당 경찰서 학교전담경찰관에게 상담과 신고 내용을 전달한다. 그때부터 학교전담경찰관이 개입하게 된다.

117 신고를 접수한 학교전담경찰관은 신고자에게 연락하여 의견을 들

고, 학교폭력 심의 절차나 형사고소 절차 등을 안내하고 보호자나 학교와 함께 사안을 처리하게 된다. 그런데 117에 신고하는 학생들 중 부모에게 알리지 않고 신고하는 경우도 상당수 있다. 이 학생들은 부모님에게 알리지 않고 처리하기를 희망하기도 한다. 부모님이 걱정할까 봐, 자신의 잘잘못이 알려질까 봐 꺼려하는 경향도 있다. 특히 성 관련 학교폭력의 경우 이러한 경향은 더욱 두드러진다.

하지만 어떠한 경우에도 학교전담경찰관은 학생을 설득하여 반드시 부모에게 알리는 것을 최우선으로 한다. 피해학생을 보호하고 적절한 대응을 하기 위해서는 반드시 보호자가 알아야 하며, 학폭 심의 절차나 형사 절차에서도 보호자 개입은 당연하기 때문이다.

학교전담경찰관은 학교폭력 신고자와 보호자에게 사안을 알리고 의견을 들어 피해자와 가해자 조사를 진행한다. 해당 학교에도 통보함으로서 학교폭력 심의 절차도 동시에 진행할 수 있다.

경찰에서 학교폭력 사건을 접수하여 형사 절차를 진행하는 경우, 일부 학생이나 학부모는 형사 절차를 진행하면서 학교에는 알리지 않기를 희망하는 경우도 있다. 학폭 심의 절차를 진행하는 경우 학업에 지장을 받을 수 있고, 설령 피해자라 하더라도 친구들이나 선생님들로부터 안 좋은 선입견을 줄까 봐 우려하기 때문이다.

학교폭력예방법은 학폭 사건이 발생하면 학교에 통보하도록 하고 있지만, 피해자 측에서 학교 통보를 거부할 경우 피해자 의견을 우선 고려하여 결정할 수 있다. 일반적으로는 보호자에게 이해를 구하고 학교에 통보하고, 학부모가 학폭 심의 절차를 진행하지 않는 방법도 있다. 하지만 초기에 피해자 측 의견을 들어 학교에 통보하지 않더라도 나중에 피해자 측에서 학교에 신고하고 학폭 심의 절차를 진행할 수 있어서 피해자는 권리를 제약받지 않는다.

단, 성 관련 학교폭력 사안의 경우 경찰은 학교에 통보하는 데 제한을 두고 있다. 이 부분은 뒤에서 자세하게 언급한다.

112, 117 어디에 신고해야 할까?

학생들은 간혹 112와 117 중 어디로 신고해야 하는지 궁금해한다. 둘 다 신고해도 되지만 긴급성의 정도에 약간의 차이가 있다.

117 신고센터는 2012년 6월 18일에 개소하였으며, 2014년 1월 1일 긴급 전화로 지정되어 운용되고 있다. 경찰관과 교육부, 여가부 소속 상담사가 합동근무하고 있으며, #0117로 문자 신고도 가능하다. 전국의 모든 문자 신고는 서울경찰청에서 접수하여 신고자가 있는 경찰서로 하달한다.

현재 학교폭력이 벌어지고 있는 경우나 학교폭력이 일어날 것 같은 경우 급박한 상황에 112로 신고하면 보다 신속한 조치가 이루어질 수 있다. 경찰이 현장에 출동하여 폭력행위를 제지하고 관련자 검거 등 현장조치가 필요한 경우 112가 유용하다.

사안 조사

학교폭력 사안이 접수되면 학교 내 '학교폭력 전담기구'에서 조사한 후 심의를 진행한다. 전담기구는 교감, 전문상담교사, 보건교사 및 책임교사(학교폭력 문제를 담당하는 교사), 학부모 등으로 구성되어 있으며 학교폭력 문제를 담당한다.(법률 제 14조 제3항) 즉 학교폭력 실태조사, 학교폭력 예방 프로그램 구성 및 실시, 사안접수 및 보호자 통보, 교육지원청보고, 학교폭력 사안 조사 및 결과보고, 학교장 자체 해결 여부 심의 등의 역할을 수행한다.

2020년 법 개정 전에는 학교 내 학교폭력대책자치위원회(일명 학폭위)에서 조치 결정을 했으므로 위원들의 전문성, 절차상의 하자 등으로 결정에 불복하는 비율이 높았다. 하지만 현재 학교에 존재하는 학교폭력전담기구는 학교장 자체 해결 요건 충족 여부만을 심의하기 때문에 예전보다 전담기구의 성격이 무겁지 않다. 전담기구의 학부모 위원은 구성원의 1/3 이상이어야 한다.

신속하고 정확한 사안 조사를 위해서 전담기구에 속하는 교원 위원, 학부모 위원들에게는 역할이 정해져 있다. 사안 조사는 대부분 교원 위원(교감, 학생부장, 책임교사, 보건교사, 전문상담교사 등)이 담당한다. 학교의 교직원은 전담기구 사안 조사에 협조해 주어야 한다. 관련 학생은 사안조사 확인서를 작성해야 하는데, 몇 가지 주의사항이 있다.

학생 확인서

*사안번호: (　　　　) 학교 2022-(　)호

성명		학년 / 반	/	성별	남 / 여
연락처	학생		보호자		
관련 학생					
사안 내용	피해받은 사실, 가해한 사실, 목격한 사실 등을 육하원칙에 의거하여 상세히 기재하세요.(필요한 경우 별지 사용)				
필요한 도움					
작성일	년　월　일		작성 학생		(서명)

　인적사항을 정확하게 적고 사안과 관련 학생들의 이름을 기재해야 한다. 사안 내용 작성은 중요한 부분이다. 대충 작성하는 경우가 많은데, 학교 전담기구나 교육청 심의위원회 심의 시에 중요한 서류로 작용하기 때문에 피해 사실, 가해 사실, 목격 사실 등을 육하원칙에 따라 상세히 기재해야 한다.

　쓸 내용이 많은 경우 별지를 사용할 수 있다. 대부분의 학생들이 자필로 작성하는데 읽기 힘든 글씨체는 위원들이 확인하기 어려우므로 가급적 정자체로 모든 위원들이 확인서를 읽고 이해할 수 있도록 작성해야 한다. 무슨 말인지 모르게 작성하는 사례도 종종 있다. 해당 학교에서 학생 확인서의 잘못된 사례를 즉시 확인하여 정확히 작성할 수 있도록 도와주지만 그렇지 못할 경우도 있기 때문이다. 사안 조사에서 학생 확인서는 학생이 서면으로 진술하는 부분이라는 점을 기억해야 한다. 마지막으로 필요한 도움이 있다면 해당란에 요청사항을 적으면 된다.

학교폭력이 발생하면 학교의 사안 조사 과정에 경찰관이 개입하여 조사에 협조해 줄 것을 요구하는 학부모도 종종 있다. 보통 자녀에게 들은 사실과 학교에서 통보받은 사실이나 정황이 다르다고 느낄 때 경찰관 개입을 요구한다. 하지만 학교 사안 조사에 경찰이 개입하기는 어렵다. 경찰이 개입하면 그때부터 경찰 수사가 된다. 경찰 수사는 형사적인 처벌을 목적으로 하는 것이고 학교의 사안 조사는 학교 내에서 학생에 대한 징계를 하기 위한 절차이다. 학교 내 행정처분을 위한 절차에 경찰이 개입하는 것은 경찰의 활동 범위에 포함되지 않는다. 다만, 학폭이 발생하였지만 관련 학생들의 인적사항이나 소속 학교, 학폭 사실에 대한 내용이 불분명하여 사안 조사 진행이 어려운 경우, 경찰이 사건을 먼저 접수하거나 인지하고 있는 경우 학교에 통보하거나 학교의 요청에 대해 불분명한 사항에 대해 공문을 통해 확인하여 줄 수 있다.

학교폭력예방법은 학교폭력 신고를 받은 기관에 대하여 가·피해학생의 보호자와 소속 학교의 장에게 통보할 의무를 규정하고 있으며, 학교의 장 등 관계기관에서 경찰에 학교폭력 관련 개인정보를 요청할 때 특별한 사정이 없으면 응하도록 규정하고 있다. 또한, 기관 상호간 문서로 요청하고 회신하도록 하고 있다.

- 학교폭력예방법 제11조의3(관계기관과의 협조 등)

① 교육부장관, 교육감, 지역 교육장, 학교의 장은 학교폭력과 관련한 개인정보 등을 경찰청장, 지방경찰청장, 관할 경찰서장 및 관계기관의 장에게 요청할 수 있다.

② 제1항에 따라 정보제공을 요청받은 경찰청장, 지방경찰청장, 관할 경찰서장 및 관계기관의 장은 특별한 사정이 없으면 이에 응하여야 한다.

- 학교폭력예방법 제12조(학교폭력대책 심의위원회 설치 · 기능)

심의위원회는 해당 지역에서 발생한 학교폭력에 대하여 조사할 수 있고 학교장 및 관할 경찰서장에게 관련 자료를 요청할 수 있다.

- 학교폭력예방법 시행령 제12조(관계기관과의 협조사항 등)

법 제11조의 3에 따라 학교폭력과 관련한 개인정보 등을 협조를 요청할 때에는 문서로 하여야 한다.

법률의 규정에도 불구하고 경찰에서 학교나 심의위원회에 알려 줄 수 있는 내용과 범위는 학교에서 학교폭력 사안 조사를 할 수 있는 최소한의 범위 내에서다. 세세한 범죄 사실에 대해 궁금할 수 있지만, 학교폭력예방법과 개인정보보호법, 헌법상 무죄추정의 원칙 등 관련법에 따라 제한을 받게 된다.

《경찰청 업무 매뉴얼》(2021)에 따르면 경찰에서 학교에 통보할 수 있는 범위는 사건 개요, 가해학생(또는 피해학생) 인적사항 등 가해학생 선도 및 피해학생 보호 등에 필요한 내용 등으로 한정하고 개별법령에서 허용하는 경우만 제공하도록 하고 있다. 성폭력 사안의 경우 피해자 보호를 위해 더 엄격한 제한을 받는다.

보호자가 작성하는 사안 조사 확인서는 다음과 같다.

보호자 확인서

* 사안번호: (   )학교   2022-(   )호

1. 본 확인서는 학교폭력 사안 조사를 위한 것입니다.
2. 자녀와 상대방 학생에 관련된 객관적인 정보를 제공해 주셨으면 합니다.
3. 사안 해결을 위해 학교는 객관적이고 적극적인 자세로 임할 것입니다.

학생 성명		학년 / 반	/	성별	남 / 여
사안 인지 경위	누구를 통해서, 어떻게 사안을 인지했는지 작성합니다.				
현재 자녀의 상태	신체적 – 자녀와의 대화를 통해 정확하게 작성합니다. 정신적 – 신체, 정신적 자녀의 상태를 세심하게 작성합니다.				
자녀 관련 정보	교우관계	(친한 친구가 누구이며, 최근의 관계는 어떠한지 등)			
	학교폭력 경험 유무 및 내용	(실제로 밝혀진 것 외에 의심되는 사안에 대해서도) 자녀가 학폭으로 피해 가해 받은 사실 유무를 기재합니다.			
	자녀 확인 내용	(사안에 대해 자녀가 보호자에게 말한 것) 사안 관련하여 자녀가 말한 내용을 기재하되, 자녀의 여러 가지 상황을 고려하여 작성합니다.			
현재까지의 보호자 조치	(병원진료, 화해시도, 자녀 대화 등) 보호자가 사안과 관련하여 실행하였던 다양한 조치들을 적습니다.				
사안 해결을 위한 관련 정보 제공	(특이점, 성격 등) 자녀의 성격이나 특징 등을 적습니다.				
현재 보호자의 심정	(어려운 점 등) 보호자가 원하는 것, 심정, 어려운 점 등을 기재합니다.				
본 사안 해결을 위한 보호자 의견, 바라는 점	(보호자가 파악한 자녀의 요구사항 등) 피해학생 조치, 가해학생 조치, 학교에 바라는 점 등을 기재합니다.				
작성일	년 월 일		작성 학생		(서명)

전담기구에서는 관련 학생과 학부모가 작성한 확인서를 토대로 심층 면담하고, 주변 학생들을 조사하며 설문 조사 등을 통해 객관적인 입증 자료를 수집한다. 최종적으로 전담기구 구성원 중 책임교사는 조사 결과를 바탕으로 육하원칙에 따라 학교폭력 사안 조사 보고서를 작성한다.

전담기구에 속하는 교원 위원이 주의해야 할 점은 다음과 같다.

① 신속하게 증거자료를 확보해야 한다.

② 가능한 수업시간 이외의 시간에 조사를 진행해야 한다.

③ 조사한 내용이 심의위원회에서 활용될 수 있다.

④ 성급하게 화해를 종용하지 않는다.

⑤ 심의위원회 결정 전까지는 피해 및 가해자를 단정 짓지 말고, 관련 학생이라는 용어를 사용한다.

⑥ 피·가해학생을 대질시키거나 강압적인 조사를 하지 않는다.

⑦ 가해학생이 여러 명일 경우 분리하여 조사한다.

⑧ 다른 학생이 작성한 확인서를 상대방에게 공개하지 않는다.

가해학생 보호자를 상담할 때에는 신고 내용 및 상대 학생의 피해 사실 등을 객관적으로 설명하고 이후의 사안 처리 과정에 대하여 안내하도록 한다. 이는 가해학생 측의 방어권 보장을 위해서이다.

조치 결정 전 긴급보호

학교폭력 책임교사는 관련 학생들이 긴급조치가 필요한 경우, 긴급조치 보고서를 작성해야 한다. 학교장은 사안 접수 이후 학교장 자체 해결 혹은 심의위원회개최 요청 전에 긴급조치를 할 수 있으며, 심의위원회 운영 상황을 고려하여 조치 결정 전에도 긴급조치를 할 수 있다.

학교폭력예방법 제16조(피해학생의 보호)

① 심의위원회는 피해학생의 보호를 위하여 필요하다고 인정하는 때에는 피해학생에 대하여 다음 각 호의 어느 하나에 해당하는 조치(수 개의 조치를 병과하는 경우를 포함한다)를 할 것을 교육장(교육장이 없는 경우 제12조 제1항에 따라 조례로 정한 기관의 장으로 한다. 이하 같다.)에게 요청할 수 있다. 다만, 학교의 장은 학교폭력 사건을 인지한 경우 피해학생의 반대 의사 등 대통령령으로 정하는 특별한 사정이 없으면 지체 없이 가해자(교사를 포함한다)와 피해학생을 분리하여야 하며, 피해학생이 긴급보호 요청을 하는 경우에는 제1호, 제2호 및 제6호의 조치를 할 수 있다. 이 경우 학교의 장은 심의위원회에 즉시 보고하여야 한다. 〈개정 2020. 12. 22.〉

2021년 6월 23일부터 피해학생 보호 강화 방안이 시행되고 있다. 학교폭력예방법 제16조 개정법률은 학교폭력사안을 인지한 경우 지체 없이 가해자와 피해학생을 분리하도록 하고 있으며, 학교장 판단에 따른 피해학생 보호를 위한 긴급 보호조치 권한을 삭제하고 피해학생이 긴급보호를 요청하는 경우에만 ① 학내·외 전문가에 의한 심리상담 및 조언, ② 일시보호, ⑥ 그 밖에 피해학생의 보호를 위한 필요한 조치에 대해서 하도록 제한하고 있다.

동법 제16조 제6항은 제1항 ①호, ②호, ③호 조치의 경우 피해자가 상담을 받는 데 사용되는 비용은 가해학생의 보호자가 부담하여야 한다고 규정하고 있고, 피해학생의 신속한 치료를 위하여 학교의 장 또는 피해학생의 보호자가 원하는 경우에는 학교안전사고 예방 및 보상에 관한 법률 제15조에 따라 학교안전공제회 또는 시·도 교육청이 부담하고 이에 대한 구상권을 행사할 수 있다고 규정하고 있다.

즉시 분리하도록 개정한 취지는 학폭 사건 발생 초기에 가해자와 피해자 분리 등 피해자 보호를 위한 학부모들의 적극적인 조치 요구를 반영한 것이다. 그러나 즉시 분리제도는 분리를 의무화하고 있고 분리가 필요하지 않은 사소한 갈등의 경우, 쌍방 폭력으로 가·피해자가 명확히 분리되지 않는 경우, 학습권 침해, 분리공간 마련 등 시행에 어려움이 있다는 주장이 설득력을 얻고 있다.

그러면 즉시 분리할 수 있는 기간은 며칠일까? 교육부는 즉시 분리 기간을 3일 내로 할 것을 일선학교에 지시하였다. 그 근거 기준으로 아동학대처벌법 제제12조 제3항에 따른 피해아동 응급조치 72시간을 준용한 것이라고 한다. 분리 기간은 사안을 인지한 시간부터 기산하며 토요일, 공휴일을 포함한다.

즉시 분리 예외사유도 있다. 피해학생이 반대 의사를 표명한 경우, 가·피해학생이 교육활동 중이 아닌 경우, 법 제17조 제4항에 따라 가·피해자가 분리된 경우이다.

개정 법률에서 학교장 직권에 의한 피해자 보호조치를 삭제하였다고 하여 피해자 보호 장치가 약화되었다고 할 수는 없다. 학교폭력예방법 시행령 제21조는 학교장에게 가해학생에 대한 우선 출석 정지 권한을 인정하고 있어 사안에 따라 가해학생에 대한 우선 출석 정지 조치를 통해 추가적인 피해학생 보호조치가 가능하다. 이 조치는 학교폭력심의원회의 추인을 받아야 한다.

학교폭력예방법 시행령 제21조(가해학생에 대한 우선 출석 정지 등)

① 법 제17조 제4항에 따라 학교의 장이 출석 정지 조치를 할 수 있는 경우는 다음 각 호와 같다.

1. 2명 이상의 학생이 고의적·지속적으로 폭력을 행사한 경우

2. 학교폭력을 행사하여 전치 2주 이상의 상해를 입힌 경우

3. 학교폭력에 대한 신고, 진술, 자료제공 등에 대한 보복 목적으로 폭력을 행사한 경우

4. 학교의 장이 피해학생을 가해학생으로부터 긴급하게 보호할 필요가 있다고 판단하는 경우

학교장 자체 해결 절차

전담기구는 학교폭력 사안 조사 보고서를 토대로 회의를 열어 학교장 자체 해결 여부를 심의한다. 피해학생 및 그 보호자가 심의위원회 개최를 원하지 않고 전담기구의 심의 결과가 아래의 네 가지 요건에 모두 해당하는 경미한 학교폭력의 경우 학교의 장은 자체적으로 해결할 수 있다.

1. 2주 이상의 신체적·정신적 치료를 요하는 진단서를 발급받지 않은 경우
2. 재산상 피해가 없거나 즉각 복구된 경우
3. 학교폭력이 지속적이지 않은 경우
4. 학교폭력에 대한 신고, 진술, 자료제공 등에 대한 보복 행위가 아닌 경우

위 네 가지 중 확실해 보이는 조건은 1번과 2번이다. 1번과 2번이 충족되는 경우, 학교장 자체 해결되는 경우가 높다. 2주 이상의 신체적·정신적 치료를 요하는 진단서를 발급받지 않은 경우란 학교폭력 전담기구 심의일 이전에 진단서를 제출하지 않은 경우이다.

이 경우 전담기구에서는 자체 해결 요건에 해당하는 것으로 판단한다. 단, 피해학생 측이 학교에 진단서를 제출한 이후에 번복하는 경우는 있다. 이 경우 의사를 번복하여 진단서를 회수하겠다고 해도 회수가 불가하다. 이런 점에서 진단서를 제출할 때, 신중하게 판단하고 제출 여부를

결정해야 한다.

학교에서는 학부모에게 '진단서는 제출 이후 회수가 불가하고 학교장 자체 종결도 불가하다'는 점을 사전에 명확하게 고지해야 한다.

'재산상 피해가 없거나 즉각 복구된 경우'란 전담기구 심의일 이전에 재산상 피해가 복구되거나, 가해 측 보호자가 피해 측 보호자에게 재산상 피해를 복구해 줄 것을 확인해 주고, 피해 관련학생 보호자가 인정한 경우를 말한다. 여기에서 말하는 재산상 피해는 신체적·정신적 피해의 치료비용 등을 포함한다. 따라서 가해 관련 학생 보호자는 학교에서 개최되는 전담기구 심의일 전에 사안 관련해서 피해학생 측의 재산상 피해가 즉각 복구되도록 노력해야 함을 알 수 있다.

'학교폭력이 지속적이지 않은 경우'는 지속성 여부가 관건인데, 이는 피해 관련 학생의 진술이 없을지라도 전담기구에서 보편적 기준을 통해 판단하게 된다. 뭐라고 딱 집어서 얘기할 수 없더라도, '모든 사람들이 보편적이다'라고 생각하는 수준이라고 보면 되겠다. 예를 들어, 가해학생이 피해학생을 매일 매일 주기적으로 신체 폭행을 가한 경우는 지속성이 있다고 판단할 수 있다. 가해학생이 피해학생에게 1회에 3번 때린 경우, 지속성이 있다고 판단하기 어려울 수 있다.

'학교폭력에 대한 신고, 진술, 자료제공 등에 대한 보복행위가 아닌 경우'란 가해 관련 학생이 조치 받은 사안 또는 조사 과정 중에 있는 사안과 관련하여 신고, 진술, 증언, 자료 제공 등을 한 학생에게 학교폭력을 행사하였다면 보복행위로 판단할 수 있다. 통상 학교의 전담기구에서 심의 시 보복행위 여부는 사안을 전체적으로 보고 판단한다. 피해 관련 학생 및 보호자가 가해 관련 학생의 보복이 두렵다고 하는 경우 보복행위가 있다고 판단하게 된다. 따라서 가해 관련 학생 및 보호자는 사안이 신고된 경우, 피해 관련 학생에게 대면, 비대면 어떤 식으로든 압박을 주는 행위를 해서는 안 된다.

학교장 자체 해결 여부를 심의하는 회의는 대략 아래 회의록의 내용과 같이 진행된다.

학교폭력 전담기구 회의록(자체 해결 여부 심의)

회의 일시	년 월 일 (시작 시각: ~ 종료 시각:)
참석 위원	재적 심의위원 명 중 명 참석
회의 주제	1학년 A 학생과 B 학생과 관련된 사안 자체 해결 여부 심의
회의 내용	• 전담기구 개최 – 학부모위원께 유선 및 기타 방법을 통해 개최 희망일을 확정 한 후 안내 – 전담기구 개최 관련 내부 결재 필요 • 전담기구 심의 요건 – 재적위원의 과반수 출석으로 개최하고 과반수 찬성으로 심의 의결함. ※학교폭력 전담기구 개최 정족수는 규정이 없으나 재적인원 과반수 참석은 최소 운영 요건으로 판단함. • 전담기구는 학교장 자체 해결 여부 확인 수준으로 운영

회의 내용	★ 정족수 확인 및 개회 알림 (교감)　　성원을 보고해 주시기 바랍니다. (책임교사) 재적위원 ○명중 ○명이 출석하여, 성원이 되었음을 보고 　　　　　드립니다. (교감)　　2021학년도 ○차 학교폭력 전담기구 협의회를 개최하겠습 　　　　　니다. ★ 안건 상정 (교감)　　오늘 심의할 안건은 다음과 같습니다. 　　　　　1학년 A학생과 B학생과 관련된 사안의 자체 해결 여부 　　　　　심의입니다. ★ 전담기구 사안 보고 (교감)　　학교폭력 책임교사께서는 사안을 보고해 주시기 바랍니다. (책임교사) 사안 개요 및 쟁점 보고 (보건교사) 심각성(진단서 제출 상황) 보고 (책임교사) 즉시 조치, 고의성(가·피해학생 확인서), 가해학생 선도 　　　　　가능성(학교폭력 재발 여부)보고 (상담교사) 반성 정도(가해학생 면담조사), 화해 정도(고소, 고발, 합의서 　　　　　여부) 보고 (특수교사) 피해학생 장애 여부(특수교사 의견 청취) 보고 　　　　　기타 궁금하신 사항이 있으신 위원께서는 질의 부탁드립니다. ★학교장 자체 해결 여부 심의 (교감)　　법률 제13조2 제1항 제1호~4호의 요건에 해당하는지 　　　　　심의하도록 하겠습니다. 　　　　　2주 이상의 신체적·정신적 치료를 요하는 진단서를 　　　　　발급하지 않은 경우에 해당합니까?

회의 내용	(위원) 예 또는 아니오 (교감) 재산상 피해가 없거나 즉각 복구 되었습니까? 　　　또는 추후 재산상 피해를 복구해줄 것을 확인하였습니까? (위원) 예 또는 아니오 (교감) 학교폭력이 지속적이지 않은 경우입니까? (위원) 예 또는 아니오 (교감) 학교폭력에 대한 신고, 진술, 자료제공 등에 대한 보복행위가 　　　아닙니까? (위원) 예 또는 아니오 ★ 기타 사항 심의 (교감) 피해학생 및 그 보호자가 심의위원회를 요청합니까? (위원) 예 또는 아니오 (교감) 학교폭력사안 조사 결과 오인신고 또는 학교폭력에 해당되지 　　　않는다고 생각하십니까? (위원) 예 또는 아니오 (교감) 자체 해결 요건에 충족함에도 불구하고 가해학생에 대한 　　　선도 조치가 필요하다고 생각되십니까? (위원) 예 또는 아니오 ★ 심의 결과 (교감) 1학년 A학생과 B학생의 사안은 오인신고임에 따라/ 조사 결과 　　　학교폭력이 아님에 따라/ 학교장 자체 해결 요건을 충족함에 　　　따라 학교장 자체 해결 사안으로 처리하겠습니다. 　　　1학년 A학생과 B학생의 사안은 학교장 자체 해결 요건 　　　미충족에 따라/ 피해학생과 보호자의 요청에 따라/ 　　　가해학생 선도에 대한 필요에 따라 심의위원회에 　　　요청하도록 하겠습니다.

	내용		조치
사안 결과	• 학교장 자체 해결	오인신고	
		조사 결과 학교폭력이 아님	
		학교장 자체 해결 요건 충족	
	• 심의위원회 요청	학교장 자체 해결 요건 미충족	
		학교장의 요청(가해학생에 대한 선도 필요) (학교폭력예방법 제13조 제2항 제3호)	
		피해학생 · 보호자의 요청 (학교폭력예방법 제13조 제2항 제3호)	
확인	• 전담기구 회의 참석위원		
	○ (서명 · 날인)	○	(서명 · 날인)
	○ (서명 · 날인)	○	(서명 · 날인)
	○ (서명 · 날인)	○	(서명 · 날인)
	○ (서명 · 날인)	○	(서명 · 날인)

전담기구에서 학교장 자체 해결 여부가 결정되면 학교폭력 책임교사가 학교폭력 전담기구 '심의결과 보고서'를 작성한다. 양식 내용으로는 일시, 장소, 참석자, 심의 주제(사안번호, 심의 주제), 심의 내용(전담기구 사안 조사 내용, 필수 확인 사항), 결정 사항으로 구성되어 있다. 전담기구 재적 위원 중 과반수 이상 참석해야 개최되며, 과반수 찬성으로 심의 · 의결이 된다. 전담기구 위원이 9명이라면, 5명이 참석할 때 개최 가능하며, 5명 중 3명이 찬성해야 심의 · 의결이 되는 방식이다.

심의 결과 보고서에서 심의 내용에 해당되는 사안 조사 내용은 사안의 발생, 상황종료, 사안 접수, 증빙 제출, 긴급조치, 보호자 간 상황 등으로 날짜와 시간 순으로 기재한다. 심의결과 보고서의 핵심은 '학교장 자체 해결 네 가지 요건에 해당하는지' 여부이다. 보고서의 마지막 부분에 학교장 자체 해결 '가능', '불가' 혹은 '지역교육지원청 학교폭력대책심의위원회에 심의 요청' 여부를 기재한다.

학교폭력 사안으로 학교에서 생산하는 모든 서류들은 관련 학생 및 보호자가 요청하더라도 법령에 따라 공개하지 못하도록 되어 있다.

학교폭력예방법 제21조(비밀 누설 금지 등)

① 이 법에 따라 학교폭력의 예방 및 대책과 관련된 업무를 수행하거나 수행하였던 자는 그 직무로 인하여 알게 된 비밀 또는 가해학생·피해학생 및 제20조에 따른 신고자·고발자와 관련된 자료를 누설하여서는 아니된다. 〈개정 2012.1.26.〉

② 제1항에 따른 비밀의 구체적인 범위는 대통령령으로 정한다.

③ 제16조, 제16조의2, 제17조, 제17조의2, 제18조에 따른 심의위원회의 회의는 공개하지 아니한다. 다만, 피해학생·가해학생 또는 그 보하자가 회의록의 열람·복사 등 회의록 공개를 신청한 때에는 학생과 그 가족의 성명, 주민등록번호 및 주소, 위원의 성명 등 개인정보에 관한 사항을 제외하고 공개하여야 한다. 〈개정 2019.8.20.〉

전담기구 심의 결과 학교장 자체 해결에 해당이 되는 경우, 전담기구에서는 피해학생 및 보호자에게 "전담기구 심의 결과 학교장 자체 해결 요건에 해당된다. 학교장 자체 해결 동의 여부를 알려 주세요."라는 메시지를 전달한다. 자체 해결에 동의하는 경우, '학교폭력대책심의위원회 개최 요구 의사 확인서/ 학교장 자체 해결 동의서' 양식에 피해학생, 피해학생 보호자가 서명을 한 후 학교장 자체 해결로 종결된다.

그러나 전담기구 심의 결과에서 학교장 자체 해결 요건을 충족하였다 하더라도, 피해학생 및 보호자가 "저희는 교육청 심의위원회 개최를 원합니다."라고 하면, 학교 측은 지체 없이 심의위원회 개최 요청을 해야 한다.

학교장 자체 해결이 되는 경우, 책임교사는 '학교장 자체 해결 결과 보고서'를 양식에 맞춰 작성한다. 이 양식은 학교에서 내부 결재를 한 후, 지역교육지원청으로 공문을 발송한다. 이 양식은 관련 학생 및 보호자에게 공개되지 않는다.

전담기구는 학교폭력 사안 조사 보고서, 전담기구 심의결과 보고서, 긴급조치 보고서(해당 시), 피해학생 및 그 보호자의 학교폭력대책심의위원회 개최 요구 의사 확인서/학교장자체 해결 동의서를 첨부하여 교육(지원)청에 보고한다.

학교폭력 사안 조사 보고서

접수 일자	년 월 일	담당자 성명 (연락처)	
사안 유형	유형: 신체폭력 / 언어폭력 / 금품갈취 / 강요 / 따돌림 / 성폭력 / 사이버폭력 / 기타(중요도 순서로 기재)		

관련학생	학교	학년 반 / 번호	성명	성별	(공동사안인 경우) 관련학교의 사안 번호	비고 (가해(관련)/피해(관련))
		/				
		/				

사안개요 (참석안내서 사안개요)	※ 신고내용과 관련하여 전담기구에서 확인한 내용을 육하원칙에 의거 구체적으로 기재 (피해(관련)학생의 신고 내용이 누락되지 않도록 주의)
사안 경위	※사안의 전후, 사안 접수, 전담기구 조사, 양측의 주장을 포함한 전체 사건 내용, 전담기구 심의 등을 시간의 흐름에 맞춰 구체적으로 기재

자체 해결 요건 충족여부	객관적 요건(4가지) 충족 여부(O/X)	피해학생 및 그 보호자 자체 해결 동의 여부(O/X)
	※4가지 요건: ▲진단서 미제출함 ▲재산상 피해가 없거나 즉각 복구함 ▲지속적이지 않음 ▲보복행위가 아님	

쟁점 사안	주요쟁점 1.	※기타 쟁점 사안이 있는 경우 추가 작성	근거자료 ※작성 날짜 포함
	피해(관련) 학생의 주장 내용	•	
	가해(관련) 학생의 주장 내용	•	
	목격학생의 진술	•	
	주요쟁점 2.	※위와 동일	근거자료 ※작성 날짜 포함
	…	…	…

시행령 제19조 판단 요소 관련 확인 사실 기재

※학교는 작성 시 참고사항에 따라 각 판단 요소별 구체적으로

사실을 기재한다. (점수를 기재하는 것이 아님)

가해학생이 행사한 학교폭력의 심각성 · 지속성 · 고의성		
가해학생의 반성 정도		
가해학생 및 보호자와 피해학생 및 보호자 간 화해 정도	관계 회복 프로그램 · 갈등조정 등을 진행하였는지, 진행할 의사가 있는지	
해당 조치로 인한 가해학생의 선도 가능성		
피해학생이 장애학생인지 여부		
학교장의 분리보호 여부	※학교폭력예방법 제 16조(피해학생 보호) 21.6.23 시행 이후 작성	
긴급조치 여부	피해학생	
	가해학생	

가해학생 학교폭력 재발 현황	※ 학교폭력 가해학생 조치사항 관리사항 관리대장을 통해 확인될 수 있는 가해학생의 학교폭력 횟수 기재
특이사항 및 고려사항	※ 성 관련 사안 여부, 치료비분쟁, 피해학생이 다문화학생 인지 여부, 관련 학생 및 그 보호자의 요구사항, 언론보도 등 특이사항 기재

학교폭력 전담기구 심의결과 보고서

* 사안번호: (　　　　)학교　2022-(　)호

1. 일　시: 년 월 일(요일) 시 분
1. 장　소:
2. 참 석 자

　　○ ○ ○　　　○ ○ ○　　　○ ○ ○　　　○ ○ ○
　　○ ○ ○　　　○ ○ ○　　　○ ○ ○　　　○ ○ ○

4. 심의주제: 사안번호 2022-01호 (　　)에 대한 학교장 자체 해결 여부 심의

5. 심의 내용
※ 전담기구 사안 조사 내용
 •
 •
 •

　※필수 확인 사항
　• 법률 제 13조의 2 제1항 제1호~제4호 판단하여 해당 여부 체크

학교장 자체 해결 가능 요건	해당 여부 (O, X)
1. 2주 이상의 신체적·정신적 치료를 요하는 진단서를 발급받지 않은 경우	

2. 재산상 피해가 없거나 즉각 복구된 경우 　(추후 재산상 피해를 복구해 줄 것을 확인한 경우)	
3. 학교폭력이 지속적이지 않은 경우	
4. 학교폭력에 대한 신고, 진술, 자료제공 등에 대한 보복 　행위가 아닌 경우	

학교장 자체 해결 동의서

* 사안번호: (　　　)학교　　2022-(　)호

피해학생	소속학교	학년/반	학생 성명	보호자 성명
가해학생	소속학교	학년/반	학생 성명	보호자 성명
사안 조사 내용	사안 내용을 사안 조사 보고서를 참고하여 구체적으로 기록합니다. (발생 일시, 사안 내용 등)			

위 사안 조사 내용을 확인하였으며, 이 사안에 대해서 학교폭력대책심의위원회를
개최하지 않고 학교장 자체 해결에 대해 동의합니다.

20 　년 　월 　일

피해학생:　　　　(인)
피해학생 보호자:　　　　(인)

○○학교장 귀중

관계 회복을 위한 노력

학교폭력예방법 시행령 제14조의3(학교의 장의 자체 해결)에 의하여, 학교의 장은 관련 학생 및 보호자 간의 관계 회복을 위한 다양한 노력을 진행해야 한다. 관계 회복의 목적은 양측의 관계를 회복시키는 것으로 상호 이해와 소통, 대화의 과정을 통해 피해학생 측 입장을 충분히 고려해야 한다. 가해학생 측의 반성에 대한 올바른 인식 정립을 한 후, 진심 어린 사과와 관계 개선을 통한 회복을 도모해야 한다.

이를 통해 심리·정서적 안정, 학교생활과 일상생활, 또래(교우) 관계 등의 안정적 적응과 신속한 복귀를 촉진할 수 있다. 그러나 관계 회복은 장점이 많음에도 불구하고 피해학생 측의 의사를 우선적으로 고려하여야 하며, 프로그램에 참여하겠다는 동의 여부를 확인하며 진행해야 한다. 동의 없는 일방적인 관계 회복 프로그램 진행은 오히려 역효과만 가져올 수 있기 때문이다.

관계 회복 프로그램은 학교폭력 사안에 관련된 학생들을 대상으로 진행한다. 진행하기 전에 양측 개별 면담을 통해 각자가 요구하는 사항과 사안에 대한 해결방식, 각자의 심리·정서적인 상태 등을 탐색한다. 관련 학생들이 관계 회복을 위한 준비가 되었으며, 상호 동의하였을 경우 관계 회복 프로그램을 진행한다.

학교에서는 관계 회복 프로그램을 진행하기 전에 교원들마다 프로그램에서 하는 역할을 정하게 되는데, 보통 학교에 존재하는 학교폭력 전담기구 교원위원들이 참여하는 방식을 선호하고 있다. 왜냐하면 학교폭력 사안에 대해 잘 알고 있는 교사의 개입이 효율적이고 효과가 있기 때문이다. 물론 꼭 학교폭력 전담기구 교원 위원이 아니더라도, 생활지도 경험이 많은 교사, 관련 학생들과 관계 형성이 양호한 교사 등이 참여하는 경우도 있다.

관계 회복 프로그램은 학교에서 운영할 수 있는 모든 것이 해당된다. 관련 학생이 원하는 프로그램을 사전 개별 면담에서 제안하면 반영할 수 있다. 주로 Wee클래스에서 전문상담교사의 상담, 심리치료 등의 프로그램을 운영할 수 있으며, 외부 기관과 연계하여 운영할 수도 있다.

그러나 관계 회복 프로그램 진행이 사안 처리를 갈음할 수는 없다. 심의위원회 조치결과 대신 진행하여 조치를 변경하거나 경감 등의 조건부로 진행할 수 없다는 의미다. 말 그대로 관련 학생들의 교육적인 회복, 진심 어린 반성(화해) 등을 위해 학교에서 진행할 수 있는 프로그램이다. 관계 회복 프로그램 진행 시 참고해야 할 사항은 아래와 같다.

1. 학교에서는 관련 학생들이 동의한 경우에만 진행된다.
2. 프로그램 진행 중에 관련 학생 중 한 명이라도 중단을 요구하는 경우, 즉시 중단될 수 있다.
3. 관계 회복 프로그램을 한다고 나쁜 사이가 급작스럽게 좋아지거나 개선될 거라 기대하는 것은 위험하다.
4. 관계 회복 프로그램이 효과를 보기 위해서는 사전에 학교나 교사가 보호자와 면담 등을 통해 프로그램의 목적을 잘 설명해야 한다.

5. 무엇보다 사안 이후 상호 소통을 통해 안전한 학교생활을 할 수 있도록 노력하는 것임을 안내하는 것이다.

6. 프로그램의 목적은 관련 학생들이 학교 및 일상생활과 또래와의 관계에 잘 적응할 수 있도록 도움을 주는 것이다.

7. 관계 회복 프로그램은 무엇보다 강제적인 운영이 아닌, 피해학생의 의사를 존중하여 진행되는 것이며, 학교폭력 사안이 발생했다고 무조건 운영하는 것은 아니다.

> **학교폭력예방법 시행령 제14조의3(학교의 장의 자체 해결)**
> 학교의 장은 법 제13조의2 제1항에 따라 학교폭력사건을 자체적으로 해결하는 경우 피해학생과 가해학생 간에 학교폭력이 다시 발생하지 않도록 노력해야 하며, 필요한 경우에는 피해학생·가해학생 및 그 보호자 간의 관계 회복을 위한 프로그램을 운영할 수 있다.　　　　　　[본 조 신설 2020.2.25.]

관계 회복 프로그램을 진행할 때 가정에서는 다음과 같은 도움을 주면 좋다.

• 피해 관련 학생의 가정
- 심리적 어려움에 대해 공감하는 것이 중요하다.

- 자녀의 사안과 상태를 고려하여 안정감을 주는 접근이 필요하다.
- 대화할 때는 정서적, 신체적으로 안정을 찾게 해 줘야 한다.
- 자녀가 원하는 것이 무엇인지 파악해야 한다.
- 자녀가 사안의 책임이 자신에게 있다는 자책감을 느끼지 않도록 한다.
- 필요할 경우 외부전문가의 도움을 요청해야 한다.

• 가해 관련 학생의 가정
- 가해행동에 대한 사실 확인을 한다.
- 자녀가 이야기한 사실을 확인하는 과정을 거친다.
- 자녀가 가해행동을 한 원인에 대해 탐색한다.
- 탐색을 통해 사안 해결점을 찾도록 하며, 추가적인 가해행동을 하지 않도록 한다.
- 자녀에게 가해행동에 대해 비난이나 훈계 등은 하지 않는다.
- 앞으로 어떤 행동을 해야 되는지 대화를 나눈다.

일선 학교에서는 학폭 절차 이전에도 화해를 위한 자리를 마련하고 있다. 그런데 취지와 달리 오히려 새로운 갈등을 유발하는 자리가 되기도 한다. 참여하는 학생들이 상호 자기의 입장을 이야기하고 오해를 해소하는 과정이 자칫 피해학생을 성토하는 자리가 되거나 가해학생들이 자신의 입장을 항변하는 자리로 변질되지 않도록 사전에 학생들에게 충분한 교육이 필요하다.

중요한 것은 '화해를 통한 관계 회복'이라는 점을 주지시키고, 자기의 입장을 대변하는 자리가 아닌 상대편의 생각을 들어 보고 상대편의 입장에서 생각해 보는 기회를 갖도록 지도해 주어야 한다.

　화해를 중재하는 과정에서 선생님들이 별 문제의식 없이 피해자의 잘못이나 가해자의 잘못을 언급하는 경우 관련 학생 측은 선생님의 중립성을 문제 삼거나 가해자들 앞에서 피해자의 잘못도 있다는 식으로 지적했다며 반발하기도 한다.

　또한 학교폭력이 일 대 다수인 경우 참여 프로그램에 관련 학생을 동시에 참여시키는 것은 피해자가 다수의 학생으로부터 위압감으로 인해 충분이 자신의 입장을 이야기하지 못하는 상황이 될 수 있다. 심지어 화해를 위한 자리가 피해자를 집단 성토하는 자리였다고 주장하는 경우도 있다. 화해를 시키려고 마련한 자리가 학부모 싸움으로 번져 오히려 상황을 악화시키고 학폭 절차로 진행되는 경우가 의외로 많다. 관련자가 여러 명인 경우 단체로 화해의 자리를 마련하기보다 개별적인 대화와 화해의 자리를 마련하는 것이 효율적일 수 있다. 일 대 다수의 학생이 연관된 사안이라면 피해자와 가해자가 한 명 한 명 대면하여 서로의 입장을 듣고 이해하는 기회가 되도록 배려하는 것이 진솔한 화해의 기회가 될 것이다.

분쟁 조정

분쟁 조정이란 피해 및 가해학생 간 또는 그 보호자 간의 손해배상(치료비, 위자료 등)에 관련된 합의조정 및 그 밖에 심의위원회가 필요하다고 인정하는 사항에 대해 심의위원회 또는 교육감이 조정하는 제도를 말한다. 학교폭력예방법 제18조와 시행령 제25조, 제27조, 제28조에서 규정하고 있다. 분쟁 조정이 성립되었다 하더라도 심의위원회를 개최하지 않거나 가해학생에 대한 조치를 중단하는 것이 아니고 조치별 적용 기준에 고려될 수 있을 뿐이다.

분쟁 조정을 위해서는 관계 기관의 협조를 얻어 학교폭력과 관련된 사항을 조사할 수 있다. 심의위원회가 직접 분쟁 조정을 하고자 할 때에는 피해학생 및 보호자, 가해학생 및 보호자에게 통보해야 한다. 관련 학생 및 보호자의 동의와 학교 측의 동의도 확인되어야 진행할 수 있다. 분쟁 조정은 객관성, 공정성, 중립성을 기반으로 전문적인 조정이 되도록 해야 한다.

아직까지는 분쟁 조정이 그다지 활성화되어 있지 않은 상태이다. 학교폭력 사안이 적게 발생하는 지역은 분쟁 조정이 활성화되는 측면이 있다. 하지만 대도시이면서 학교가 많은 지역은 학교폭력 사안 발생 건수가 많다 보니, 교육지원청에서 이뤄지는 학교폭력 심의 개최만으로도 벅차서 분쟁 조정이 현저히 적다고 볼 수 있다.

분쟁 조정이 활성화되려면 교육지원청 학교폭력 심의위원회를 담당하는 장학사, 주무관의 업무 부담을 줄여 주는 대책이 필요하다. 현재 일부 시·도 교육청은 법률전문가를 채용하거나 업무 협약을 통해 심의위원회 담당 간사의 업무 부담을 덜어 주기도 한다.

분쟁 조정 절차는 다음과 같다.

1. 분쟁 조정의 신청: 분쟁 당사자가 분쟁 조정 신청서 양식(분쟁 조정 신청인의 성명 및 주소, 보호자의 성명 및 주소, 분쟁 조정 신청의 사유 등)을 작성하여 심의위원회나 교육감에게 신청한다. 학교나 심의위원회는 당사자들에게 분쟁 조정 제도가 있다는 사실을 반드시 알려야 한다. 학교폭력 처리절차에서 관계 회복 프로그램이나 분쟁 조정 방안이 있다는 걸 모르는 경우가 많다. 따라서 학교폭력 사안이 발생하면 보호자도 관련 법, 시행령 등을 먼저 확인할 필요가 있다. '국가법령정보센터' 사이트에서 '학교폭력'을 검색해 보면 관련 법 및 시행령이 검색되며, 이 법령을 보호자가 확인하고 인지하면 문제를 해결하는 데 도움이 된다.

2. 분쟁 조정의 개시: 분쟁 조정 신청을 받으면 심의위원회 또는 교육감은 신청을 받은 날부터 5일 이내에 분쟁 조정을 시작하고 분쟁 조정의 일시 및 장소를 통보해야 한다. 피치 못할 사정으로 출석하지 못하는 경우에는 분쟁 조정의 연기를 요청할 수도 있으며, 그럴 경우 심의위원회 또는 교육감은 분쟁 조정의 기일을 다시 잡아야 한다.

심의위원회 또는 교육감은 심의위원회 위원 또는 지역위원회 위원 중에서 분쟁 조정 담당자를 지정한다. 외부 전문기관에 분쟁과 관련한 자문 등을 할 수 있다.

3. 분쟁 조정이 '거부 · 중지 · 종료'되는 경우

[거부] 분쟁 당사자자 중 어느 한쪽이 분쟁 조정을 거부한 경우

[중지] 피해학생 등이 관련된 학교폭력에 대하여 가해학생을 고소 · 고발하거나 민사상 소송을 제기한 경우

[중지] 분쟁 조정의 신청내용이 거짓임이 명백하거나 정당한 이유가 없다고 인정되는 경우

[종료] 분쟁 당사자 간에 합의가 이루어지거나 심의위원회 또는 교육감이 제시한 조정안을 분쟁 당사자가 수락하는 등 분쟁 조정이 성립한 경우

[종료] 분쟁 조정 개시일로부터 1개월이 지나도록 분쟁 조정이 성립되지 못한 경우

분쟁 조정의 거부 · 중지 · 종료 시 심의위원회는 그 사유를 분쟁 당사자에게 서면으로 각각 통보해야 한다.

4. 합의서 작성: 분생 조정이 성립한 때에는 심의위원회 또는 교육감은 합의서를 작성하여 당사자와 피해, 가해학생이 소속된 학교의 장에게 통보한다. 합의서에는 분쟁 당사자의 주소와 성명, 조정 대상의 분쟁 내용, 조정 결과가 담겨 있어야 한다.

5. 종 료: 조정이 성립한 경우 또는 조정기한(1개월) 내에 조정이 성립하지 않는 경우에도 분쟁을 종료하여야 하고 그 사유를 당사자에게 각각 통보해야 한다.

분쟁 조정 신청서

* 사안번호: (   )학교   2022–(   )호

학 생	성명	(남 / 여)				
	주소					
	소속	학교 학년 반				
보호자	성명		관계		전화 번호	
	주소					

(신청 사유)
위와 같이 분쟁 조정을 신청합니다. 신청일: 년   월   일 신청인: (서명)

3장
심의위원회 진행 과정

    학교폭력 사안이 학교장 자체 해결 요건이 되지 않아 심의를 요청한 경우, 또는 학교장 자체 해결 요건은 충족하였지만 피해학생 및 보호자가 심의를 요청한 경우에 심의 위원회에서 심의를 하게 된다.

    심의 개최 전에 개최를 원하지 않는 경우도 발생할 수 있는데, '학교폭력대책심의위원회 개최 요구 취소 요청서'양식을 작성해서 심의 전에 제출하면 개최 취소가 가능하다. 양식에는 신청인 정보(소속학교, 학년/반, 학생 성명, 보호자 성명, 주소)가 포함되며, '심의위원회개최를 원하지 않으므로 심의위원회 개최 취소를 요청합니다'라는 문구가 들어가며, 하단에 피해학생, 피해학생 보호자의 서명 또는 날인이 있어야 한다.

    심의 개최 전에 취소할 수 있는 장치를 마련한 이유는 피해 측의 입장을 충분히 고려한 조치이며, 심의 전까지 관계 회복, 갈등 조정, 분쟁 조정의 가능성은 늘 열려 있다.

관련 학생이 각각 다른 교육지원청 관할 구역 내 학교에 재학 중인 경우에는 교육감의 보고를 거쳐 둘 이상의 교육지원청이 공동으로 심의위원회를 구성할 수 있다.

심의는 대면이 원칙으로, 특별한 경우가 아니면 피해 및 가해학생과 보호자가 심의위원회에 직접 출석하여 진술해야 한다. 심의위원회 개최 통지 방식은 관련 학생 및 보호자에게 충분한 기간(10일 전)을 두고 우편으로 통보하여, 불가피한 사정이 있는 경우 전자우편(이메일), 유선(전화) 등의 방식이 이용된다.

심의 절차

심의위원회는 학교의 요청이 있는 경우, 즉 심의위 개최 요청서가 접수된 시점을 기준으로 21일 이내에 개최하는 것을 원칙으로 한다. 시험 등 학사일정이나 사안조사 과정에서 새로운 증거가 발견되었을 때, 관련 학생 및 보호자 의견진술 기회 부여 등 뚜렷한 이유가 있는 경우 7일 이내에서 기한을 연장할 수 있다.

사안이 복잡하거나 여러 학교가 관련되어 있어 심의가 어려운 경우, 감염병 전염 및 확산 우려 등으로 관련 학생의 진술이 불가능할 경우 등에는 심의위원회는 조치 결정을 유보하고 추가 조사 등을 한 후 심의위원회를 다시 개최하여 의결할 수 있다. 조치 결정이 유보된 사실과 사유 등은 피해 및 가해 측에게 서면으로 통보해야 한다.

학교폭력심의위원회의 심의 절차는 다음과 같다.

단계	처리내용
개회 및 사안 보고	• 개회를 알린다. • 진행절차를 설명한다. • 주의사항을 전달한다. 　– 심의위원회의 조치는 처벌을 목적으로 하는 것이 아니라 교육적 선도와 보호를 위한 목적임을 설명한다. 　– 발언을 하기 위해서는 먼저 동의를 구해야 함을 알린다. 　– 욕설, 폭언, 폭행 등을 할 경우에는 퇴실조치 됨을 알린다. 　– 위원들의 제적 사유 및 기피 · 회피 여부를 확인한다. 　– 회의 참석자 전원은 심의위원회에서 알게 된 사항에 대한 비밀유지의무가 있음을 알린다. • 해당 사안에 대해 보고한다.
↓	
가해측 사실 확인, 의견진술 및 질의응답	• 사실을 확인하고 가해측의 입장을 말하도록 한다. • 가해측에 의견진술 기회를 반드시 주어야 하며, 참석하지 않을 경우 사전에 의견제출 기회를 부여한다. • 위원회에서 가해측에 질문하고 가해측에서 답변한다.
↓	
피해학생 보호 및 가해학생 선도조치 논의	• 심의위원들 간의 협의를 통해 피해학생 보호조치와 가해학생 선도 · 교육 조치를 논의한다.(교육부 고시 '학교폭력 가해학생 조치별 적용 세부기준 고시' 적용)
↓	

(필요시) 참고인 진술 청취	• 심의위원회에서 필요한 경우 관련 분야 전문가나 해당학교 교직원을 심의위에 출석 요청하여 의견을 청취할 수 있다. ※심의위원회는 피해학생 또는 그 보호자의 의사를 확인하여 피해학생 또는 그 보호자의 요청이 있는 경우에는 반드시 의견을 청취해야 함.(법률 제13조 제4항) (21.6.23.부터 시행)

↓

조치결정 통보(교육장)	• 교육장은 서면으로 조치 결정을 통보한다. 　- 조치 결정 통보 시 피해 및 가해 측에 불복절차가 있음을 반드시 안내한다. 　- 가해학생이 다수인 경우 가해학생별로 조치 결정을 적시한다.

↓

조치결정 통보(교육장)	• 교육장은 학교장에게 공문을 통해 조치 결정을 통보하고 조치이행 협조를 요청한다.

조치 결정을 위한 5가지 판단 요소

　학교폭력 관련 학생 및 보호자, 학교의 책임교사 등의 진술이 완료되면, 심의위원회에서는 사안 관련 자료와 진술을 토대로 학교폭력 해당 여부, 긴급조치 추인 여부, 피해학생 조치, 가해학생 조치 등을 진행하면서 조치 결정을 하게 된다. 특히 학교폭력 가해학생 조치에는 조치별 세부 기준을 적용하게 되는데, 기본 판단 요소와 부가적 판단 요소를 가지고 판정한다.

　기본 판단 요소 다섯 가지는 학교폭력의 심각성, 학교폭력의 지속성,

학교폭력의 고의성, 가해학생의 반성 정도 그리고 화해의 정도이며 그 기준에 따라 0점부터 4점까지, 5단계의 점수를 부여한다.

부가적 판단 요소에는 해당 조치로 인한 가해학생의 선도 가능성, 피해학생이 장애학생인지 여부가 해당된다. 피해학생이 장애학생인 경우 가해학생에 대한 조치를 가중할 수 있다. 판단 요소의 판정 점수의 합계에 따라 가해학생에게 1호부터 9호까지의 선도조치가 내려질 수 있다.

[가해학생에 대한 조치]

교내 선도		1호	피해학생에 대한 사과	1~3점
		2호	피해학생 및 신고 · 고발 학생에 대한 접촉, 협박 및 보복행위 금지	피해학생 및 신고 · 고발 학생의 보호에 필요하다고 심의위원회가 의결할 경우
		3호	학교에서의 봉사	4~6점
외부 기관 연계 선도		4호	사회봉사	7~9점
		5호	학내외 전문가에 의한 특별교육 이수 또는 심리 치료	가해학생 선도 · 교육에 필요하다고 심의위원회가 의결할 경우
교육 환경 변화	교내	6호	출석 정지	10~12점
		7호	학급 교체	13~15점
	교외	8호	전학	16~20점
		9호	퇴학	16~20점

〈조치 결정 가상 사례〉

접수 사안: A학생이 B학생에게 20**년 *월 *일 23:00, 사이버공간에서 메신저로 음란한 사진을 전송하고, 다음 날 다시 한 번 음란물 전송 후에 언어폭력을 가하여 B학생에게 성적 모욕감과 수치심을 준 사안으로 학교폭력으로 신고됨. A학생은 진심어린 반성을 하고 있으며, 관련 보호자도 학교를 통해서 화해를 시도하고 있고, 심의위원회 진술에서도 A학생 및 보호자가 반성과 화해의 모습을 보임.

기본 판단 요소 5가지

1. 학교폭력의 심각성: 높음 (3점)

2. 학교폭력의 지속성: 높음 (3점)

3. 학교폭력의 고의성: 매우 높음 (4점)

4. 가해학생의 반성 정도: 매우 높음 (0점)

5. 화해 정도: 높음 (1점)

◆ 기본 판단 요소 점수: 3점+3점+4점+0점+1점=11점

6호	출석 정지	10~12점

부가적 판단 요소

해당 조치로 인한 가해학생의 선도가능성: A학생은 선도 가능성이 높음

(해당 점수에 따른 조치에도 불구하고 가해학생의 선도가능성 및 피해학생의 보호를 고려하여 시행령 제14조제5항에 따라 학교폭력대책심의위원회 출석위원 과반수의 찬성으로 가해학생에 대한 조치를 가중 또는 경감할 수 있음)

피해학생이 장애학생인지 여부: 해당 없음

(피해학생이 장애학생인 경우 가해학생에 대한 조치를 가중 할 수 있음)

기타 판단 요소

해당조치로 인한 가해학생의 선도가능성을 판단할 때 학교폭력 재발 여부를 고려할 수 있음.

A학생 조치결정 사유

A학생은 기본 판단 요소 점수는 11점으로 6호인 '출석 정지'에 해당하나, 선도가능성이 높으며, 학교폭력 재발 가능성이 없다고 보기에, 6호 조치를 경감하여, 5호 조치인 특별교육이 타당하다고 판단됨.

학폭심의위원회에서 처분을 할 경우 기본 판단 요소 다섯 가지에 대해서 고려하여 1차적으로 판단하게 되는데, 기본 판단 요소에 대한 명확하고 정형화된 기준이 없고 사안이 다양하기 때문에 그 기준을 제시하기도 어렵다. 때문에 심의위원 각자가 사안 조사를 토대로 면밀하게 판단하여야 한다.

그렇다면 기본 판단 요소에서 어떤 점을 고려해야 할지 살펴보자. 이 부분에 대한 근거는 없으며 심의위원회 과정에서 주로 논의 되었던 기본 판단 요소에 대한 고려사항임을 언급해 둔다.

〈심각성〉 학교폭력이 얼마나 심각한지에 대한 판단이다.

주요 고려사항: 피해학생의 피해 정도, 진단서 유무, 보복 폭행인지, 공동(다수)에 의한 가해행위인지(일 대 다수 또는 다수 대 다수), 가해학생과 피해학생의 연령, 가해 행태(죄질)가 어떠한지 확인.

〈지속성〉 학교폭력이 얼마나 오랫동안 계속되었는지에 대한 판단이다.

주요 고려사항: 학교폭력이 지속된 기간, 상습적인지, 반복되고 있었는지, 가끔 반복되는 행위라도 피해자가 당시에 장난 정도로 느꼈는지 가해라고 느꼈는지(당시의 정황 등) 확인한다.

〈고의성〉 학교폭력이 고의를 가지고 의도적인 가해 행위였는지에 대한 판단이다.

주요 고려사항: 거부나 싫다는 표현을 했음에도 가해 행위가 계속된 경우, 장난이라도 반복된 경우, 가해 행위에 따른 가해자의 행위 전후 정황, 가·피해자 간에 상호작용이 있었는지(서로 장난이 오갔더라도 가해자가 예상치 못한 강한 물리력을 행사한 경우), 일방적인지, 가해 행위자가 상황

을 주도하고 있는지, 어떤 행위에 대한 보복성이 있는지 확인한다.

〈가해학생의 반성 정도〉 가해학생이 얼마나 반성하고 있는지에 대한 판단이다.

주요 고려사항: 가해학생이 피해학생에게 직접 사과했는지, 학부모 간에 화해나 합의가 되었는지, 피해 회복을 위한 노력이 계속되고 있는지(치료비, 위로, 사과편지나 문자 등), 심의위원회 참석 시 반성하는 태도가 있는지 확인한다.

〈화해 정도〉 가 · 피해학생이 서로 화해하였는지에 대한 판단이다.

주요 고려사항: 상호 화해하였는지, 피해자 측의 선처 의사가 있는지, 피해자가 용서하였는지, 피해자 측이 처벌을 원하고 있는지, 화해를 위한 노력을 계속하고 있는지, 가 · 피해학생 화해 여부와 양측 보호자 간의 화해 여부, 학폭 이후 학교에서 가 · 피해자의 교유관계를 확인한다.

이에 덧붙여 학교폭력 담당 교사나 담임, 상담교사의 의견을 종합하면 보다 명확하게 판단할 수 있을 것이다.

위 고려 사항에서 조금 더 생각해 보아야 할 부분은 '화해 정도'이다.

심의가 진행되면 대부분의 학교에서 보복 및 접촉 금지 조치를 한다. 그러면 가해학생은 피해학생에게 연락을 할 수 없다. 그런데 이것이 화해를 위한 시도나 노력을 하지 못 하게 하는 결과를 가져오기도 한다. 따라서 학교에서는 보복 및 접촉금지 조치를 하더라도 가해자가 피해자에게 사과하고 화해하려고 하는 노력이 무산되지 않도록 세심한 배려를 해 줄 필요가 있다. 예를 들면 가해자 학생이나 학부모의 입장을 중간에서 전달하는 등 화해를 위한 가교 역할이 필요해 보인다. 가해자 측에서는 사과 편지나 가해 학부모님의 입장을 등을 선생님, 경찰관(SPO) 등을 통해 전달하는 노력을 계속하고, 학교에서는 가해자 측에서 화해를 위한 노력을 하였는지 여부에 대해 심의위원회 제출 서류에 기록해 준다면 유용할 것이다.

심의위원회에 오기까지 상당한 기간이 있음에도 피해자 측은 가해자 측의 사과나 안부를 묻는 연락도 없었다고 주장하는 반면 가해자 측은 학교에서 연락처도 가르쳐 주지 않고 접촉하지 말라고 하여 사과할 기회도 없었다고 하며 불만을 토로하는 경우가 종종 있다. 화해를 위한 기회를 주지 않고 화해 정도를 판단하는 것은 무리가 있다. 이 부분은 학부모나 학교에서 좀 더 세심한 배려가 필요한 부분이다.

피해학생에 대한 조치

피해학생 보호조치의 목적은 학교폭력 행위로 인한 학생의 상처를 치유하고 가해학생으로부터 격리시켜 다시 학업에 열중할 수 있는 환경을 만들어 주기 위함이다. 1호부터 6호까지 6개의 조치가 있다.

• 제1호 학내외 전문가에 의한 심리상담 및 조언

학교폭력으로 받은 정신적 · 심리적 충격으로부터 회복할 수 있도록 학교 내 · 외의 심리상담 전문가로부터 심리사담 및 조언을 받도록 하는 것. 학교 내 상담교사가 없을 시 지역 내 피해학생 전담지원기관, WEE센터, 정신건강복지센터, 청소년상담복지센터, 전문 상담기관 등 외부 기관을 통하여 진행할 수 있다.

• 제2호 일시보호

가해학생으로부터 지속적인 폭력이나 보복을 당할 우려가 있는 경우, 일시적으로 보호시설이나 집 또는 학교상담실 등에서 보호를 받을 수 있도록 하는 조치이다.

• 제3호 치료 및 치료를 위한 요양

학교폭력으로 생긴 신체적 · 정신적 상처를 치유하기 위해 의료기관 등에서 치료를 받도록 하는 조치이다. 피해학생이 보호조치로 치료를 받을 때는 치료기간이 명시된 진단서 또는 관련 증빙자료를 첨부하여 학교에 제출해야 한다.

※ 피해학생이 전문단체나 전문가로부터 제1호부터 제3호까지의 규정

에 따른 상담 등을 받을 경우, 이에 사용되는 비용은 가해학생의 보호자가 부담하는 것이 원칙이며, 피해학생의 신속한 치료를 위하여 학교의 장 또는 피해학생의 보호자가 원하는 경우 학교안전공제회 또는 시·도교육청이 우선 부담하고 이에 대한 구상권을 행사할 수 있다.

• 제4호 학급 교체

지속적인 학교폭력 상황 및 정신적 상처에서 벗어나도록 하기 위해서 피해학생을 동일 학교 내의 다른 학급으로 옮겨 주는 조치이다. 그러나 피해학생 입장에서는 새로운 학급에 적응해야 하는 부담이 있으므로, 피해학생 및 보호자의 의견을 우선 반영하여 교체 여부를 결정한다.

학교폭력으로 상호 간에 감정이 고조된 시기에는 유효한 조치이나, 피해자 입장에서는 도망치듯 다른 반으로 옮기는 것 같아 이에 대한 거부감이 강하다. 가해자가 반을 옮겨야지 피해자가 반을 옮기는 데 동의할 보호자는 많지 않을 것이다. 그러므로 피해자 동의가 있어야만 조치할 수 있다. 다만 학폭위 결과, 가해자에 대해 전학이나 학급교체 같은 분리 처분이 내려지지 않았을 때 피해자 측에서 선택할 여지는 있다.

• 제5호 전학 권고

지금은 삭제된 조치로, 피해학생을 보호하기 위해 마련된 전학 권고 조치가 오히려 가해학생에 의해 악용되고 있다는 지적에 따라 2012년 4월 1일 시행된 학교폭력예방법에서 이 규정이 삭제되었다.

대신 가해학생이 피해학생 보호에 충분한 거리를 두어 전학하도록 했으며, 가해학생이 다른 학교로 전학 간 이후에는 피해학생이 있는 학교로 다시 전학 올 수 없도록 하고 있다.

피해자에 대한 전학 권고 조치는 삭제되었지만, 피해학생이 원할 경우 학교폭력 피해 조치 결정문 등을 근거로 전학 신청은 할 수 있다. 초·중등교육법 학교의 장이 교육환경을 바꾸어 줄 필요가 있다고 인정하는 경우 다른 학교로 전학을 추천할 수 있도록 규정하고 있다. 단, 초등학교의 경우 보호자 1인의 동의를 얻어야 한다.

※ 초·중등교육법 시행령 제21조 제6항(초등학교의 전학), 시행령 제73조 제6항(중학교의 전학), 시행령 제89조 제5항(고등학교의 전학)

또한, 성폭력 피해학생의 전학 요청 시 학교장은 반드시 교육감(장)에게 학교 배정을 요청해야 한다. 기존에는 성폭력 피해학생이 전학을 요청한 경우 피해학생이 소속된 학교장이 전학 가고자 하는 학교의 장에게 요청하고, 승인한 경우 해당 학교로 전학 갈 수 있었으나 교육부의 「학교폭력 및 성폭력 피해학생 보호강화 지침」(2018. 8. 31)에 따라 성폭력 피해학생 전학 요청 시 해당 학교장은 교육감에게 학교 배정을 요청하고 교육청은 전·입학 학교를 지정하여 성폭력 피해학생의 전학을 보장하여 주고 있다.

• 제6호 그 밖에 피해학생의 보호를 위하여 필요한 조치

학교폭력 피해 유형 및 연령 특성 등을 감안하여 필요시 해바라기센터 지정 병원 등 의료기관 연계, 대한법률구조공단과 같은 법률 구조기관, 학교폭력 관련 기관 등에 필요한 협조와 지원 요청 등을 할 수 있다.

가해학생에 대한 조치

학교폭력예방법 제17조에 따라 가해학생에게는 총 9가지의 조치를 취하게 된다. 그중 제1호, 제2호, 제3호 조치는 학생생활기록부에 '조건부 미기재'되는 조치로 가해학생 및 보호자의 입장에서는 경미한 조치로 여겨질 수 있다.

1~3호 이내의 조치를 받고, 졸업하기 전까지 추가적인 학교폭력 가해자 조치를 받지 않으면 되기 때문이다. 대부분의 가해학생들은 졸업 전까지 딱 한 번의 가해자 조치를 받고 졸업을 한다.

• 제1호 서면 사과

학교폭력예방법 개정 초기에는 많이 거론되었던 조치였지만, 1호 조치를 이행해야 하는 가해학생들이 실질적으로 피해학생에게 진심어린 서면 사과를 하지 못하는 경우가 발생하고 있다. 책임교사나 담임교사가 가해학생의 서면 사과를 검토하는 경우에는 피해학생이 의미 있는 서면 사과로 받아들이기도 한다. 하지만 보통 가해학생의 실제 속마음은 다를 가능성이 높다. 그러다 보니 서면 사과의 내용에 사과보다는 가해학생이 가해를 하게 된 이유 등을 써서 오히려 피해학생이 상처를 받게 되는 경우도 발생한다. 또한 서면 사과를 이행하지 않는 경우도 있다.

서면 사과 처분이 내려졌다고 하더라도 피해자 측에서는 서면 사과를 받지 못할 수도 있다. 서면 사과는 강제할 수 없기 때문이다. 이것은 헌법상 양심의 자유와 배치되는 문제기도 하거니와 사과라는 것이 진심이 아닌 경우 표면상으로 사과했다고 하더라도 의미 없는 일이기 때문이다.

학교폭력예방법 제17조는 제1항은 가해학생에 대한 조치를 규정하면서 동법 제17조 11항에서는 제1항 ②호~⑨호까지의 조치를 거부하거나 기피하는 경우 심의위원회는 교육장에게 추가로 다른 조치를 요청할 수 있다고 규정하고 있다. 그러나 여기에서 ①호 '서면 사과'를 제외함으로써 서면 사과 불이행에 대한 추가적인 조치를 요구하고 있지 않은 것을 볼 때 서면 사과 불이행에 대한 강제이행 조치는 불가하다는 것이 입법취지로 보인다.

학교폭력예방법 제17조 제11항 (가해학생에 대한 조치)

제1항 제2호부터 제9호까지 처분을 받은 학생이 해당조치를 거부하거나 기피하는 경우 심의위원회는 제7항에도 불구하고 대통령령으로 정하는 바에 따라 추가로 다른 조치를 할 것을 교육장에게 요청할 수 있다.

이러한 처분과 별개로 피해자 측에서는 공개 사과를 요구하는 경우도 종종 있다. SNS에서 공개적인 모욕이나 억울한 일을 당한 경우, 학교폭력 피해 사실을 주변 친구들이 알고 있는 경우에 피해자 측 입장에서는 공개 사과를 통해 명예를 회복하려고 할 수 있다. 그러나 학교폭력 관련자가 학폭위 미개최를 조건으로 공개 사과를 요구한다면, 학교에서는 이를 허용하면 안 된다. 학교의 행위는 공적인 행위가 되고 공적인 행위는 관련 법률과 공적인 지침에 의해서 이루어져야 함에도 불구하고 학교에서 공개 사과를 허용하는 것은 근거에 없는 행위이기 때문이다. 학부모 입장에서도 학폭 피해에 대한 정당한 구호와 처벌을 요구할 수 있겠으나, 공개 사과 요구는 양심의 자유와 인격권을 침해할 수 있다는 점을 이해해야 한다.

• 제2호 접촉, 협박 및 보복 행위의 금지

대부분의 가해학생들에게 내려지는 조치이다. 같은 학교에서 벌어진 학교폭력 사안인 경우에도 2호 조치가 내려지면 통상 졸업 때까지, 혹은 학기 말까지로 조치이행 기간을 정하기 때문에 같은 학교에서는 2호 조치가 잘 이행될 수 있도록 각별한 주의를 해야 한다. 가해학생과 피해학생의 학교가 다른 경우에도 학교 밖에서 2호 조치가 잘 이행될 수 있도록 가해학생은 주의해야 한다. 혹시라도 피해자와 마주치게 된다면, 그 자리를 신속히 벗어나야 한다.

• 제3호 교내봉사

조건부 미기재의 경계 부분에 위치하는 조치이다. 경미한 사안 중에서는 높은 수준의 조치이다. 교내봉사 10시간 조치를 받게 되면, 등교일 수 기준으로 보통 하루 2시간씩, 5일간 교내봉사를 하게 된다. 교내봉사는 일반 국민들이 생각하는 봉사 시간을 인정받는 봉사가 아니다. 가해학생은 스스로 잘못을 깨달을 수 있는 봉사 방법을 선택해야 한다. 가해학생이 교내봉사를 진행하는 경우 반드시 지도교사가 임장하여 지도하게 된다. 지도교사는 한 명이 교내봉사 조치가 끝날 때까지 담당하는 경우도 있지만, 주로 생활교육을 담당하는 교사들이 순번을 정해서 방과 후에 담당하게 된다.

• 제4호 사회봉사

학교 밖에서 이뤄지는 봉사활동으로 학교생활기록부에 기재가 시작되는 조치이다. 4호 조치는 마땅한 사회봉사가 진행될 수 있는 기관이 부족하여 심의위원회에서도 4호 조치에 해당하는 판정 점수가 나오는 경우, 경감하거나 가중하여 3호 조치 또는 5호 조치를 하기도 한다.

지역 행정기관에서의 봉사(거리질서유지, 교통안내, 환경미화 등), 공공기관에서의 봉사(도서관 업무보조, 우편물 분류), 사회복지기관(사회복지관, 요양시설, 노인복지시설 등)에서의 봉사형태로 진행될 수 있는데, 코로나19가 찾아온 비대면 환경에서는 더욱더 4호 조치인 사회봉사를 할 수 있는 기관이 없는 것이 현실이다.

다른 한편으로는 4호 조치를 이행하는 가해학생들이 해당 기관에서 성실히 이행하지 않고, 문제를 일으키는 부분들이 언론 등에 보도되면서 이 조치에 대한 부정적인 시각도 한 몫을 차지하고 있다. 그럼에도 불구하고 가해학생들이 교육·선도 조치인 사회봉사를 성실히 수행할 수 있는 기관들이 늘어나야 한다. 가해학생들도 엄연히 우리 사회가 책임지고 이끌어야 할 청소년이기 때문이다.

• 제5호 학내외 전문가에 의한 특별교육 이수 또는 심리치료

이 조치를 받으면 특별교육 이수와 심리치료 둘 중 선택할 수 있다. 사안을 심리하다 보면 가해학생이 심리치료를 받아야 할 필요가 있다고 판단되는 경우가 있다. 그러나 가해자 심리치료를 조치사항으로 의결하는 경우 처분을 이행해야 함으로 가해자는 심리치료, 즉 정신과적 치료를 받아야 한다.

그러나 경제적 여건 또는 가해학생의 불응 등으로 처분 기간 내 심리치료를 받지 못하는 경우도 있다. 이 경우 처분을 이행하게 해야 하는 학교의 부담도 커진다. 따라서 심리치료 처분을 의결할 때는 가해학생의 가정환경과 경제적 여건, 처분 이행 가능성 등을 충분히 고려해야 한다. 심리치료 이행이 어렵다면 특별교육 처분을 내리고 가해학생에 대한 심리치료는 학교폭력상 처분이 아닌 별도 심리치료 지원 방안을 검토하는 것이 바람직하다. 지자체의 청소년 안전망을 이용하거나 교육청 자체 예산 지원을 통한 정신과 상담 및 심리치료도 가능할 것이다.

• 제6호 출석 정지

가해학생에게 수업에 출석하지 못하게 하며, 일시적으로 피해학생과 격리시키는 방법이다. 피해학생을 보호하고 가해학생에게는 반성의 기회를 주기 위한 조치이다. 학교에서는 가해학생에게 출석 정지 기간 동안 학습권이 침해되지 않도록 적절한 지도가 방법 등 교육적인 대안을 마련해야 한다.

보통은 자가에서 학습할 수 있도록 과제물이나 학습 자료를 제공하고 있다. 간혹 출석 정지 학생에게 학습지도를 제대로 해 주지 않았다고 주장하며 학습권을 침해받았다고 학교에 불만을 제기하는 경우도 있다. 등교 정지 기간이지만 학습권이 침해받지 않도록 세심한 지도가 필요하며, 특히 시험 기간 전후에는 시험 범위나 시험 대비자료, 시험 일정에 대한 통보가 충분히 이루어져야 한다.

가해학생의 출석 정지는 법률 제17조 제1항 제6호에 따른 미인정 결석으로 처리한다. 6호 조치를 받은 가해학생들이 출석 정지 기간 동안 반성의 기회를 갖지 않고, 또 다른 탈선의 창구로 악용하는 사례도 있으므로 해당 학교와 가해학생 보호자의 관심이 필요하다.

• 제7호 학급 교체

같은 학교 같은 학급 학생들 간 일어난 사안일 때, 가해학생을 피해학생과 격리시키기 위해서 같은 학교 내의 다른 학급으로 옮기는 조치이며 중대한 조치에 해당된다. 초등학교, 중학교의 경우에는 선택과목 등에 상관없이 학급 교체가 이뤄질 수 있지만, 고등학교 2학년이라면 선택 과목에 따라 학급 교체가 어려울 수도 있다. 이 경우 심의위원회에서 학교관계자의 진술, 피해학생의 의향 등을 참고하여 조치 결정을 내릴 수 있다.

학급 교체는 중대한 처분임에도 얼마나 실효성이 있는지는 생각해 볼 문제이다. 가·피해학생을 분리시킨다는 의미는 있지만 통합수업, 학교 공동생활을 하다 보면 완전 분리는 어렵기 때문이다.

• 제8호 전학

폭력 행위를 원천적으로 봉쇄하는 강력한 조치이다. 전학 이후 다시 피해학생이 속한 학교로 되돌아올 수 없다. 전학 조치가 나오는 학교폭력의 유형은 전치 2주 이상의 진단서가 있으면서 지속적인 신체폭력이나, 성폭력(성추행, 성매매, 성희롱 등)으로 피해학생이 중대한 피해를 강력하게 호소하는 경우 등이다.

심의위원회에서 전학 조치가 내려지고 전학을 갈 때까지, 그 사이에 혹시라도 피해학생과 학교에서 마주치는 것을 방지하기 위해서, 출석 정지(제6호), 접촉·협박·보복금지(제2호) 등을 같이 내리기도 한다. 전학 조치된 가해학생과 피해학생이 상급학교에 진학할 때에는 각각 다른 학교를 배정해야 하는데, 피해학생이 입학할 학교를 우선적으로 배정한다.

• 제9호 퇴학

피해학생을 보호하고, 가해학생을 더 이상 선도·교육할 수 없다고 인정될 때 취하는 조치이다. 다만 의무교육과정에 있는 가해학생에 대하여는 이 조치를 적용하지 않는다. 가해학생에 대한 조치 중에서 제일 무거운 조치이기 때문에 심의위원회에서 9호 조치에 해당되는 판정 점수가 나오면, 심의위원들이 심사숙고할 수밖에 없다.

가해학생 조치에 관련한 학교폭력예방법 시행령은 다음의 내용을 참고하면 된다.

• **제20조(가해학생에 대한 전학 조치)**

① 교육장은 심의위원회가 법 제17조 제1항에 따라 가해학생에 대한 전학 조치를 요청하는 경우에는 그 사실을 해당 학생이 소속된 학교의 장에게 통보해야 한다. 이 경우 해당 통보를 받은 학교의 장은 교육감 또는 교육장에게 해당 학생이 전학할 학교의 배정을 지체없이 요청해야 한다. 〈개정 2020. 2. 25.〉

② 교육감 또는 교육장은 가해학생이 전학할 학교를 배정할 때 피해학생의 보호에 충분한 거리 등을 고려하여야 하며, 관할구역 외의 학교를 배정하려는 경우에는 해당 교육감 또는 교육장에게 이를 통보하여야 한다.

③ 제2항에 따른 통보를 받은 교육감 또는 교육장은 해당 가해학생이 전학할 학교를 배정하여야 한다.

④ 교육감 또는 교육장은 제2항과 제3항에 따라 전학 조치된 가해학생과 피해학생이 상급학교에 진학할 때에는 각각 다른 학교를 배정하여야 한다. 이 경우 피해학생이 입학할 학교를 우선적으로 배정한다.

- **제21조(가해학생에 대한 우선 출석 정지 등)**

① 법 제17조 제4항에 따라 학교의 장이 출석 정지 조치를 할 수 있는 경우는 다음 각호와 같다.

1. 2명 이상의 학생이 고의적 · 지속적으로 폭력을 행사한 경우

2. 학교폭력을 행사하여 전치 2주 이상의 상해를 입힌 경우

3. 학교폭력에 대한 신고, 진술, 자료제공 등에 대한 보복을 목적으로 폭력을 행사한 경우

4. 학교의 장이 피해학생을 가해학생으로부터 긴급하게 보호할 필요가 있다고 판단하는 경우

② 학교의 장은 제1항에 따라 출석 정지 조치를 하려는 경우에는 해당 학생 또는 보호자의 의견을 들어야 한다. 다만, 학교의 장이 해당 학생 또는 보호자의 의견을 들으려 하였으나 이에 따르지 아니한 경우에는 그러하지 아니하다.

- **제22조(가해학생의 조치거부 · 기피에 대한 추가 조치)**

심의위원회는 법 제17조 제1항 제2호부터 제9호까지의 조치를 받은 학생이 해당 조치를 거부하거나 기피하는 경우에는 법 제17조 제11항에 따라 교육장으로부터 그 사실을 통보받은 날부터 7일 이내에 추가로 다른 조치를 할 것을 교육장에게 요청할 수 있다. 〈개정 2020.2.25〉

학교폭력 유형별 조치 결정 사례

심의위원회에서 조치결정이 나면 조치권자인 교육장은 피해 및 가해 측 그리고 학교장에게 서면으로 조치결정을 통보한다. 통보를 받은 학교장은 조치를 이행하고 교육청에 결과를 보고한다. 이때 제2호부터 제9호까지의 처분을 받은 가해학생이 해당 죄를 거부하거나 기피한다고 인정되는 경우, 심의위원회는 해당 가해학생으로부터 추가적인 확인서를 받는 등 의견 진술 기회를 부여한 후 추가조치 여부를 결정한다. 학교폭력예방법 제17조 제⑦항은 '가해학생이 조치이행을 거부하거나 회비하는 때에는 학교의 장은 초·중등교육법 제18조에 따라 징계하여야 한다'고 규정하고 있다.

〈사례 1〉

남학생이 두 명의 여학생 사진을 무단으로 도용하여 SNS에 올리고 다

수의 이용자들과 성적인 대화를 나누어 피해자들에게 심각한 성적 모욕감을 주었다.(사이버폭력)

피해자 보호조치: 1호, 6호

가해자 선도조치: 1호, 2호, 6호(10일)

가해학생과 가해학생의 보호자에게 각각 10시간, 5시간의 부가특별교육 실시 결정.

〈사례 2〉

원격수업 대리출석을 시키고 과제를 대신하게 하는 등 강요행위를 지속하였으며, 명치 등 신체를 가격하고 지속적으로 돈을 요구하여 재산상의 피해를 입힘.(강요, 신체폭력, 금품갈취)

피해자 보호조치: 3호, 6호

가해자 선도조치: 2호, 6호(10일)

가해학생과 그 보호자에게 각각 4시간, 5시간의 부가특별교육 실시 결정.

〈사례 3〉

여러 명이 단체로 한 학생에게 욕설 및 폭언 등을 하여 피해자가 심리적으로 위축되고 겁을 먹어 신고함. (언어폭력)

피해자 보호조치: 1호

가해자 중 일부는 조치 결정을 받지 않았고 주도적 가해자에게는 2호와 3호(시간) 조치가 내려짐.

〈사례 4〉

남학생이 여학생을 대상으로 금품을 갈취하고 폭행을 가했으며 여러 심부름 등을 강요함.(금품갈취)

피해자 보호조치: 1호

가해자 선도조치: 2호, 3호(10시간), 5호(20시간)

〈사례 5〉

여러 명의 학생들이 확인되지 않은 악의적 소문을 퍼뜨리고 이를 SNS에 올려 다수의 사람들이 읽게 했으며, 계속적으로 다른 친구들에게 전하여 피해자에게 심각한 수치심과 모멸감을 느끼게 함.(사이버 언어폭력)

피해자 보호조치: 1호, 6호

가해자들 선도조치: A 3호(2시간) / B 3호(2시간) / C 3호(10시간)

가해자가 여러 명일 경우 폭력 가담 정도에 따라 조치 결정이 다르게 나온다.

〈사례 6〉

가해자가 여학생들의 신체 부분 사진을 SNS에 계속적으로 올려 이 사실을 안 피해자들이 신고하였고, 피해학생들의 강력한 의사로 가해자가 전학 감.(사이버 성폭력)

피해자들 보호조치: 1호, 3호

가해자 선도조치: 2호, 8호

〈사례 7〉

여러 가지로 친구 간에 감정이 상하자 한 친구가 서로 치고받고 싸우자고 제안함. 다른 친구가 그에 응해 폭력을 가하고 서로 맞받아 때리게 된 사건.(신체폭력)

피해자 보호조치: 없음

가해자(먼저 치고받고 싸우자고 제안한 친구) 선도조치: 3호(10시간)

〈사례 8〉

남학생이 담임교사(여)와 여학생들의 신체 사진, 치마 속 사진 등을 여러 차례에 거쳐 성인 사이트에 올림.(사이버 성폭력)

가해자 선도조치: 1호, 5호(4시간), 8호

〈사례 9〉

단체로 무리를 지어 피해자에게 욕설과 조롱이 섞인 언어폭력을 가하고 학교 화장실과 피해자 집 근처에서 위협을 가함.(언어폭력)

피해자 보호조치: 1호, 2호, 3호

가해자 선도조치: 2호, 3호(10시간)

〈사례 10〉

SNS에 욕이 섞인 비방글을 올려 피해자에게 정신적 피해를 줌.(사이버 언어폭력)

분리조치에 대한 1문 1답

관련 학생들이 서로 쌍방이라고 주장하여 관련 학생 모두가 피해 관련 학생도 되는 경우 어떻게 분리되나?

학교폭력 사안 심의 과정에서 종종 '서로 피해를 입었다'며 쌍방 피해 주장 상황이 나온다. 이럴 경우 분리조치는 어떻게 할지 난감할 수 있다. 원칙은 모두 분리 조치를 하는 것이다.

한 명은 교실, 한 명은 다른 빈 교실 등을 활용해야 한다. 누가 교실에 남고, 누가 교실 아닌 다른 빈 공간으로 가야할지도 고민스럽지만, 상호 분리 조치가 되어야 한다.

분리된 가해 관련 학생의 학습권은?

학교는 즉시 분리 기간(최대 3일)중이라도 가해관련 학생의 학습권을 최대한 보장해 줘야 한다. 이에 따른 모든 노력을 학교는 해야 하며, 모든 것은 학교장에 정해야 한다. 이 경우, 학교는 피해 관련 학생과의 접촉이나 대면하는 행위를 피하거나 최소화해야 한다. 또한 교과학습(지필평가, 수행평가) 평가 계획 마련 등의 노력을 기울여야 한다.

예를 들어, 해당 학생들이 속한 학급의 수업에 참여하는 모든 교사들은 해당 학생들의 학습권 보장, 평가를 위한 계획을 마련해야 한다.

즉시 분리가 종료된 경우, 피해관련 학생의 보호조치는?

즉시 분리 이후 학교장은 학교폭력예방법 제16조 제1항에 따라 피해관련 학생의 요청이 있는 경우, 긴급 보호조치를 실시할 수 있다.

즉시 분리 기간에 대한 출결처리 방법은?

학교는 즉시 분리 제도 시행을 위해서 다양한 노력을 해야 한다.

첫째, 학교 내에 별도 공간(빈 교실, 위클래스, 특별실 등)을 마련하고 즉시 분리 기간 동안 관련 학생의 학습권 보장을 위해 교육자료 제공, 원격수업을 운영할 수 있다.

둘째, 학교 내에 별도 공간 마련이 어려운 경우, 가정 또는 기타 학교 외의 장소(지역의 위센터 등)를 이용하여 분리 조치를 시행할 수 있다.

위 두 가지 경우의 즉시 분리 기간(최대 3일)은 학교생활기록 작성 및 관리지침 상 '부득이한 사유로 학교장의 허가를 받아 결석하는 경우'로 출석인정결석으로 처리한다.

관련 학생이 등교 이후 일과 중 즉시 분리가 결정된 경우에는 해당일은 출석인정결석이 아닌 '출석인정조퇴'로 처리한다.

즉시 분리 기간을 산정하는 기준과 방법은?

1. 화요일 교육활동(등교일) 중에 사건을 인지한 경우

즉시 분리 기간(화, 수, 목)

2. 금요일 교육활동(등교일) 중에 사건을 인지한 경우

즉시 분리 기간(금, 토, 일) 기간 내에 토요일, 일요일, 휴업일이 포함된 경우, 이를 기간에 포함하여 계산할 수 있다.

3. 토요일 또는 일요일 중에 사건을 인지한 경우

즉시 분리 기간(월, 화, 수)

비대면 원격수업에서도 즉시 분리를 시행해야 할까?

피해관련 학생이 가해관련 학생의 모습(원격에서 보여지는 얼굴 등)을 보는 것만으로도 심리적 불안, 스트레스 등을 호소할 수 있다.

이럴 경우, 원칙적으로는 실시간 쌍방향 원격수업의 경우에는 즉시 분리하여 시행하는 것이 필요하다. 다만, 콘텐츠(자료 등) 활용 중심 수업, 과제 수행 중심 수업 등과 같이 피해관련 학생과 가해관련 학생이 온라인 공간에서 접촉이 이뤄지지 않는 단방향(쌍방향이 아닌) 원격수업 상황에서는 즉시 분리를 시행하지 않을 수 있다.

원격수업에서 즉시 분리는 쉽지 않다. 특히, 중학교, 고등학교처럼 교과별로 수업이 진행되는 경우, 어떤 수업은 즉시 분리가 되고 어떤 수업은 즉시 분리가 안 될 수도 있기 때문이다.

즉시 분리 조치를 시행하지 않아도 되는 경우는?

1. 교육활동이 아닌 기간에 학폭 사안을 인지한 경우에는 '즉시 분리'

를 시행하지 않아도 된다.

-방학, 휴업일(개교기념일, 학교장재량휴업일 등), 방과후 등의 기간이 이에 해당한다.

예) 1. 화요일 방과후에 사건을 인지한 경우

즉시 분리기간(수, 목, 금): 최대 3일 수~금 즉시 분리조치를 할 수 있다.

나머지 기간은 필요에 따라 긴급 보호 조치를 취할 수 있다.

2. 휴업일(방학, 재량휴업일 등) 초기에 사건을 인지한 경우

사건을 인지한 날이 월요일이고 화요일부터 방학 또는 재량휴업이 시작되는 경우 즉시 분리를 시행하지 않는다.

사건을 인지한 날로부터 개학 후에 진행되는 교육활동일까지 3일을 초과한 경우이다.

물론, 필요에 따라 긴급 보호조치는 취할 수 있다.

3. 토요일에 사건을 인지한 경우

사건인지(토), 일, 월(등교일), 화(등교일), 수(등교일), 목(등교일)

토요일에 사안을 인지한 경우, 교육활동 시작하는 첫날부터 즉시 분리를 진행한다.

즉시 분리 기간은 월, 화, 수이며 나머지 기간은 필요에 따라 긴급 보호조치를 취할 수 있다.

4. 휴업일(방학 등) 말기에 사건을 인지한 경우

방학이 끝나갈 무렵(방학 종료일이 임박한 날)에 사건을 인지한 경우에는 그날부터 다음 교육활동(등교)일까지 3일 이내 즉시 분리 조치를 한다.

학폭사안 신고(인지)시, 즉시 분리의 기간은 누가 결정하나?

즉시 분리 기간은 학교장은 사안의 경중과 내용을 고려하여 3일의 범위에서 기간을 결정할 수 있다. 다만, 즉시 분리 기간 결정시 피해학생 측의 의사를 최대한 고려해야 한다.

'인지'란 피해학생 소속 학교에 신고,접수된 학교폭력 사안을 학교장이 보고 받아 알게 된 날을 의미한다. 신고, 접수되어도 학교장에게 보고되지 않으면 인지가 아니다.

일반적으로 학교에 신고, 접수되어도 방과후 저녁시간대, 방학기간, 휴무일 등은 융통성 있게 진행하는 점이 존재한다.

4장
조치에 대한 불복

피해학생은 본인이 받은 보호조치와 가해학생이 받은 선도조치에 대하여, 가해학생은 본인이 받은 선도조치에 대하여 받아들일 수 없는 경우 교육청 행정심판위원회에 행정심판을 청구할 수 있으며 관할법원에 행정소송을 제기할 수 있다.

행정심판

행정심판은 행정심판위원회에서 한다. 각 광역시 · 도에는 행정심판위원회가 설치되어 있다.

학교폭력 사안을 심의위원회에서 심의한 후에는 관련 학교와 관련학생 및 보호자에게 조치결정 통보서를 전달한다. 학교에는 공문으로, 관련학생 및 보호자에게는 등기우편, 전자우편 등으로 발송한다. 교육장의 조치에 대해 관련학생 및 보호자는 처분이 있음을 알게 된 날부터 90일 이내, 처분이 있었던 날부터 180일 이내에 행정심판을 청구할 수 있다. 이 두 기간 중 어느 하나라도 초과하면 행정심판을 청구할 수 없다.

'처분이 있음을 알게 된 날'이란 교육장의 조치가 있음을 현실적으로 안 날을, '처분이 있었던 날'이란 교육장 명의의 조치결정통보서가 당사자에게 도달하여 해당 조치가 성립된 날을 의미한다.

행정심판의 청구는 처분의 효력이나 그 집행 또는 절차의 속행에 영향을 주지 않으므로 처분의 효력, 처분의 집행 또는 절차의 속행을 정지하려면 행정심판위원회의 집행정지 결정이 있어야 한다. 한 가지 유의할 점은, 학교폭력 처분에 대한 집행정지 결정이 있다고 하더라도 학교생활기록부에 처분 내용은 바로 기록해야 한다.

행정심판은 법원에서 진행되는 행정소송과는 달리 비용이 무료이며, 절차가 간편하고 신속하게 처리되는 편이다. 국민들이 행정청의 위법·부당한 처분이나 부작위로 인하여 피해를 입은 경우에는 행정심판을 제기할 수 있다.

① 청구서·신청서 제출: 온라인으로 행정심판을 청구하는 경우, 홈페

이지(중앙행정심판위원회 www.simpan.go.kr)에서 인증서를 이용한 로그인을 하면 가능하다. 입증자료는 총 100MB 이내로 첨부 가능하며, 입증자료가 많아 첨부하기 곤란한 경우 온라인으로 심판청구서를 제출한 후 지체 없이 2부를 작성하며 청구서를 제출한 기관에 제출해야 한다. 서면으로 행정심판을 청구하는 경우, 행정심판청구서를 2부 작성하여 처분청(처분을 한 행정기관)이나 소관 행정심판위원회로 제출해야 한다. 대리인이 온라인 청구를 작성하는 경우, 심판청구서의 대리인 란에 필요한 사항을 기재하여야 하며, 대리인의 자격 증빙자료를 같이 제출해야 한다.

② 답변서 송달: 피청구인인 행정기관의 주장이 기재된 답변서를 온라인으로 열람할 수 있으며, 피청구인의 답변 내용에 대한 반박을 하거나 이전의 주장을 보완하고자 할 경우에는 보충 서면을 작성하여 제출할 수 있다.

③ 심리기일 안내: 행정심판위원회가 지정한 심판청구사건에 대한 심리·의결일을 열람할 수 있는데, 심리기일이란 사건에 대한 검토가 완료되어 행정심판위원회가 심판의 대상이 된 처분 등의 위법·부당 여부를 판단하는 기일을 말한다. 심리기일이 정해지면 청구인에게 홈페이지와 이메일, 휴대전화, 문자, 우편 등으로 통지된다.

④ 구술심리 안내: 행정심판위원회에 직접 참석하여 진술을 하고자 하는 경우 구술심리 신청을 할 수 있으며, 구술심리 신청이 받아들여지면 회의에 직접 출석하여 진술할 수 있다. 구술심리 신청은 행정심판 청구 시 또는 행정심판진행 중에 할 수 있다. 다만, 이미 제출된 자료만으로도 충분한 판단이 가능하다고 인정되는 경우에는 구술심리 신청이 있더라도 서면 심리결정을 하게 된다.

⑤ 재결서 송부: 심판청구사건에 대한 행정심판위원회의 심리 결과를 열람하고 위원회의 심리에 따른 재결서를 수령할 수 있다. 또한, 심리결과는 심리기일의 다음 날부터 홈페이지, 이메일, 휴대전화 문자 등으로 안내한다. 재결서는 재결일로부터 약 1~2주 후(위원회에 따라 차이가 있을 수 있음) 청구인에게 우편 또는 온라인 행정심판 시스템을 통해 송달한다. 재결은 행정심판청구사건에 대한 판단을 대외적으로 청구인과 피청구인에게 알리는 것으로 재결서를 청구인과 피청구인에게 송달하게 되며, 행정심판의 효력은 재결서가 송달되어야 발생한다.

행정심판은 심의위원회의 조치 결정에 대해 위법·부당한 처분, 부작위로 권리 또는 이익을 침해받았을 때 이를 회복하기 위해 행정기관인 교육청에 제기하는 권리구제제도이다. 필요할 경우, 충분히 행정심판이라는 권리구제제도를 이용할 수 있다.

행정심판법

제4장 행정심판 청구

제28조(심판청구의 방식)

① 심판청구는 서면으로 하여야 한다.

② 처분에 대한 심판청구의 경우에는 심판청구서에 다음 각 호의 사항이 포함되어야 한다.

1. 청구인의 이름과 주소 또는 사무소(주소 또는 사무소 외의 장소에서 송달받기를 원하면 송달 장소를 추가로 적어야 한다.)

2. 피청구인과 위원회

3. 심판청구의 대상이 되는 처분의 내용

4. 처분이 있음을 알게 된 날

5. 심판청구의 취지와 이유

6. 피청구인의 행정심판 고지 유무와 그 내용

③ 부작위에 대한 심판청구의 경우에는 제2항제1호 · 제2호 · 제 5호의 사항과 그 부작위의 전제가 되는 신청의 내용과 날짜를 적어야 한다.

④ 청구인이 법인이거나 제14조에 따른 청구인 능력이 있는 법인이 아닌 사단 또는 재단이거나 행정심판이 선정대표자나 대리인에 의하여 청구되는 것일 때에는 제2항 또는 제3항의 사항과 함께 그 대표자 · 관리인 · 선정대표자 또는 대리인의 이름과 그 주소를 적어야 한다.

⑤ 심판청구서에는 청구인·대표자·관리인·선정대표자 또는 대리인이 서명하거나 날인하여야 한다.

제30조(집행정지)

① 심판청구는 처분의 효력이나 그 집행 또는 절차의 속행(續行)에 영향을 주지 아니한다.

② 위원회는 처분, 처분의 집행 또는 절차의 속행 때문에 중대한 손해가 생기는 것을 예방할 필요성이 긴급하다고 인정할 때에는 직권으로 또는 당사자의 신청에 의하여 처분의 효력, 처분의 집행 또는 절차의 속행의 전부 또는 일부의 정지(이하 "집행정지"라 한다)를 결정할 수 있다. 다만, 처분의 효력정지는 처분의 집행 또는 절차의 속행을 정지함으로써 그 목적을 달성할 수 있을 때에는 허용되지 아니한다.

③ 집행정지는 공공복리에 중대한 영향을 미칠 우려가 있을 때에는 허용되지 아니한다.

④ 위원회는 집행정지를 결정한 후에 집행정지가 공공복리에 중대한 영향을 미치거나 그 정지사유가 없어진 경우에는 직권으로 또는 당사자의 신청에 의하여 집행정지 결정을 취소할 수 있다.

⑤ 집행정지 신청은 심판청구와 동시에 또는 심판청구에 대한 제7조제6항 또는 제8조제7항에 따른 위원회나 소위원회의 의결이 있기 전까지,

집행정지 결정의 취소신청은 심판청구에 대한 제7조 제6항 또는 제8조 제7항에 따른 위원회나 소위원회의 의결이 있기 전까지 신청의 취지와 원인을 적은 서면을 위원회에 제출한 경우로서 심판청구와 동시에 집행정지 신청을 할 때에는 심판청구서 사본과 접수증명서를 함께 제출하여야 한다.

⑥ 제2항과 제4항에도 불구하고 위원회의 심리·결정을 기다릴 경우 중대한 손해가 생길 우려가 있다고 인정되면 위원장은 직권으로 위원회의 심리·결정을 갈음하는 결정을 할 수 있다. 이 경우 위원장은 지체 없이 위원회에 그 사실을 보고하고 추인(追認)을 받아야 하며, 위원회의 추인을 받지 못하면 위원장은 집행정지 또는 집행정지 취소에 관한 결정을 취소하여야 한다.

⑦ 위원회는 집행정지 또는 집행정지의 취소에 관하여 심리·결정하면 지체 없이 당사자에게 결정서 정본을 송달하여야 한다.

행정심판법 제30조는 '심판 청구는 처분의 효력이나 그 집행 또는 절차의 속행(續行)에 영향을 주지 아니한다'라고 규정하고 있다. 행정심판을 청구하더라도 가·피해학생에 대한 학폭 심의 처분의 효력은 그대로 진행된다는 것이다. 즉 '등교정지' 처분을 받은 학생은 행정심판을 제기하더라도 등교정지 처분을 이행해야 한다. '전학' 처분을 받은 학생은 행정심판을 제기하더라도 '강제 전학'을 가야 한다.

행정심판을 제기하고 처분의 효력을 집행정지하기를 원한다면 집행정지 신청을 해야 한다. 집행정지는 행정심판이나 행정소송에서 본안 소송이 계속되고 있는 경우, 그 처분의 효력이나 처분의 집행으로 인하여 회복하기 어려운 손해의 발생이 예상되고 긴급한 경우에 인정된다.

2021년 교육부가 국회 교육위원회에 제출한 국정감사 자료 '학교폭력 재심 및 행정심판 현황'에 따르면 최근 5년간 피해학생의 학교폭력 재심 및 행정심판 인용률은 29.2%로 나타났다. 2016년부터 2020년까지 피해학생이 청구한 학교폭력 재심 및 행정심판 처리 건수는 모두 5,098건이었으며, 이 가운데 70.8%인 3,611건이 인용되지 못하였다. 특히, 피해학생의 재심 및 행정심판 인용률은 2016년 29.1%에서 2020년 22.1%로 5년 전과 대비 7% 감소했다. 가해학생이 학폭위 결정에 불복한 재심 및 행정심판 처리 건수는 모두 5,463건이었으며, 이 가운데 32.4%인 1,769건이 인용된 것으로 나타났다.

행정심판 인용률은 점차 떨어질 것으로 보인다. 교육청 학폭심의위원회에 전담 장학사가 배치되는 등 전문성과 처분의 신뢰성이 담보되고 있기 때문이다.

행정소송

행정소송은 교육청의 심의위원회를 상대로 행정법원에 '소장(訴狀)'을 제출하여 법원으로부터 당해 처분이 과연 타당했는지를 따지는 것이다. 행정심판은 대략 3~4개월, 행정소송은 6~8개월의 기간이 소요된다.

학교폭력 관련 학생 및 보호자들의 대부분은 교육청의 심의위원회의 조치결정에 일정 부분 수용하는 태도를 보인다. 하지만 일부는 자녀가 학교폭력으로 연루된 초기부터 법률 자문을 받고 변호사나 행정사를 선임하여 법률적 조력을 받으면서 조사에 응한다. 또한 교육청 학교폭력 심의위원회 개최 시에도 변호인을 동반하여 진술 기회를 갖고 변호하는 등 처음부터 변호인을 선임하면서 조치결정에 따른 불복절차를 진행하려고 한다.

행정소송까지 가서 승소하다면 당사자 입장에서 다행일 수 있지만, 패소하는 경우도 종종 보게 된다. 이 경우 비용의 부담은 패소한 쪽에서 모두 부담해야 한다. 무엇보다 소송으로 해당 학생 및 보호자가 신체적, 정신적으로 장기간 어려움을 겪는다는 점을 충분히 고려해야 할 것이다.

행정소송의 절차는 다음과 같다.

① 소장의 접수: 교육지원청의 심의위원회가 위치한 지역의 관할 행정법원에 '소장'을 접수해야 한다. 소장에는 청구 취지를 적고, 이하 청구 이유 부분에 처분의 부당, 취소되어야 하는 이유를 적는다.

② 집행정지의 신청: 예를 들어 전학 처분이 부당하여 행정소송으로 다툴 경우, 전학 집행을 정지시키는 법적 절차가 필요하여, 소장을 접수하면서 집행정지를 함께 신청한다. 신청서 접수 이후 대략 2주 안에 집행정지에 대한 결정이 나온다. 하지만 법원으로부터 집행정지 결정을 받는 것은 생각보다 쉽지 않다. 자녀가 A학교에서 B학교로 전학을 간 상황에서 집행정지가 인용되지 못하게 되는 것이다.

③ 기일의 참석: 소장이 접수되면 교육지원청에서는 이에 대한 답변서를 제출하고, 법원은 1~2개월 안에 재판기일을 잡아서 알려 준다. 원고(학생)와 피고(교육지원청 심의위원회)는 쌍방 간 증거 제출과 변론을 통해 주장을 입증해야 한다. 기일은 1회에 끝나는 것이 아니며, 통상 4~5회 정도 진행된다. 서로의 다툼 정도에 따라 재판이 더 길어질 수도 있다.

④ 판결 선고 및 항소 여부 결정: 재판 기일을 4~5회 정도 하게 되면 1심 변론이 종결되며, 변론 종결 이후 한 달 후에 판결 기일을 잡으며, 이 판결 선고 기일에 재판의 결과가 나온다. 만약에 패소하였다면, 판결문을 송달받고 2주 안에 항소할 수 있다.

⑤ 행정소송 비용: 학교폭력 행정소송 비용은 변호사 선임 비용, 승소 시 성공보수 약정비용 등을 부담해야 한다. 교육청 심의위원회를 상대로 승소할 경우 선임비용 일부를 청구할 수 있지만, 패소하는 경우 상대방의 변호사 선임비용까지 부담해야 한다.

행정소송 판례 엿보기

2021년 9. 28. 세계일보

〈중학교 동창 사진 무단 유포하고도 "징계 가혹"… 고교생 소송 패소〉

동창 사진 누리꾼 공유… 텔레그램 '지인 능욕방' 올라가

피해학생, 경찰 고소 · 퇴학 요구… 학폭위, 가해자 전학 처분

가해학생 "이미 합의" 소송… 법 "합의 이전 처분 따라야"

  한 고교생이 중학교 동창 여학생의 사진을 사회 관계망 서비스(SNS)에 무단 유포한 뒤 특정 텔레그램까지 올려져 전학 처분을 받자 징계가 가혹하다며 행정소송에 나섰지만 패소했다. 재판부는 "해당 고교생이 피해자와 합의를 했더라도 그 이전에 내려진 교육 당국의 처분을 따라야 한다"고 판단했다.

  28일 법조계에 따르면 수도권 모 고등학교 소속 A군은 지난해 3월 중학교 동창이자 다른 고교에 재학 중인 B양의 이름과 SNS 계정 주소를 추가로 요구해 전달받았다.

  A군이 보낸 B양의 사진과 이름은 얼마 뒤 텔레그램 '지인 능욕방'에 올

라갔고, 지난해 7월 이른바 '자경단'(자율경찰단)이라 부르는 한 누리꾼으로부터 이런 사실이 B양에게 연락됐다. B양은 정보통신망 이용 촉진 및 정보보호 등에 관한 법률상 명예훼손 혐으로 A군을 경찰에 고소했다.

지역 교육지원청 학교폭력 대책심의위원회도 "A군이 B양의 동의 없이 SNS를 통해 사진과 개인정보 등을 전송했다"며 출석 정지 15일과 특별교육 5시간 등의 처분을 했다. 이런 처분에 대해 A군은 취소를 요청하는 행정심판을, B양은 '퇴학'조치를 해달라고 행정심판을 각각 청구했다.

지난해 11월 A군의 청구는 기각한 반면 B양의 요청은 일부 수용해 A군에게 '출석 정지 15일' 대신 '전학' 처분했다. 이후 A군은 행정소송을 제기하며 "성명 불상자의 협박에 의해 어쩔 수 없이 (B양과 관련한) 허위 내용을 전송했다"면서 "B양과는 합의를 했고 이미 다른 학교에 다니고 있어 전학의 실효성도 크지 않다"고 주장했다.

그러나 인천지법 행정1-2부(부장판사 박강균)는 A군이 인천시 교육청 행정심판위원회를 상대로 낸 전학 처분 취소소송에서 원고 패소로 판결했다. 법원은 "행정처분의 위법 여부는 처분 당시를 기준으로 판단해야 하므로 둘의 합의를 전학 처분의 위법 여부를 판단하는 근거로 삼을 수 없다"고 설명했다.

위 판례는 두 가지 점에서 주목할 필요가 있다. 첫째는 법원은 이미 다른 학교에 다니고 있는 A군에게 전학 처분을 하였다는 점이다. 즉 사이버 성폭력에 대한 엄중한 책임을 물은 것으로 보인다. 둘째는 행정소송에서 행정심판에서 내린 처분의 위법 여부는 처분을 내린 당시를 기준으로 한다면서 당사자 간 합의는 처분의 위법 여부 판단에 고려하지 않았다는 점이다. 행정소송은 처분 당시(행정심판 처분) 처분의 위법만을 판단한다는 뜻으로 해석할 수 있다. 만약 형사소송이었다면 추후 양측이 합의하였다는 사실이 처분을 감경해 주는 사유로 작용했을 것이다.

2021년 2. 17. 서울신문

〈"같이 다니지 않겠다" 왕따 가해자 몰린 여고생, 교장 상대 승소〉

여고생 "고의로 집단 따돌림 아냐" 학교장 상대 행정소송 제기해 승소

법원 "'서면 사과' 처분 취소하라"

이른바 '왕따' 가해자로 몰린 여고생이 학교장을 상대로 행정소송을 제기해 승소했다. 법원은 학교폭력자치위원회가 내린 '서면 사과' 처분을 취소하라고 명령했다.

인천지법 행정1-2부(부장 이종환)는 A양이 인천 한 여자고등학교 교장을 상대로 낸 서면 사과 취소 소송에서 원고 승소 판결을 했다고 17일 밝혔다.

재판부는 A양에게 내린 서면 사과 처분을 취소하고 소송비용도 학교가 모두 부담하라고 명령했다. A양은 2019년 5월 학교에서 집단 따돌림 가해자로 몰렸다. 같은 반인 B양이 'A양을 포함해 모두 8명이 학교 곳곳에 따돌리는 말과 행동을 했다'며 신고했기 때문이다.

A양은 같은 해 4월 학교 통학용 승합차 안에서 한 친구에게 'B양과 같이 다니지 않겠다'는 말은 한 적은 있지만 B양을 따돌리진 않았다고 주장했다.

학교 측은 같은 6월 학폭위를 열고 A양의 행위가 학교폭력에 해당한다고 결론을 내렸다. 이에 A양에게 서면 사과 처분을 했다. 고의성이 인정되지 않은 나머지 학생들에 대해서는 징계 조치를 하지 않았다.

A양은 학교 측의 처분을 받아들일 수 없다며 행정심판을 청구했지만 지역 행정심판위원회에서 기각됐고 끝내 행정소송을 제기했다. 이에 대해 법원은 학교의 판단과 달리 A양의 당시 행위가 고의성이 짙은 따돌림에 해

당한다고 단정하기 어렵다고 판단했다.

재판부는 "따돌림은 학교 내외에서 2명이상이 특정인을 대상으로 지속해서 신체적 심리적 공격을 했을 때 상대방이 고통을 느끼는 행위"라며 "따돌림이 학교폭력에 해당하려면 고의성이 있어야 한다"고 했다.

이어 "A양과 B양은 평소 다른 친구들에 비해 자주 어울리는 관계였다가 서로 어울리기 불편해진 것으로 보인다"며 "A양이 통학용 승합차에서 한 발언은 제3자에게 B양에 대한 태도를 밝힌 것에 불과하고 인격권 등을 침해하는 행위로 보긴 어렵다"고 판단했다.

재판부는 또 "A양이 B양의 인격을 무시하거나 모독하는 언행을 다른 학생들과 함께 했다고 단정할 만한 구체적인 정황도 부족하다"며 "학교의 처분은 위법하다"고 밝혔다.

위 판례에서는 '명확한 증거가 없는 '따돌림'에 대한 법원의 판단 기준을 볼 수 있다. 실제 학폭 심의위에서도 학폭 여부 판단이 어려운 사안이 바로 증거도 없는 '느낌상 따돌림' 피해 주장이다. 법원은 위 사례에서 '따돌림' 판단 요소로 '고의성'과 '구체적인 정황'을 이야기하고 있다.

증거가 부족한 경우의 사례로 피해를 입증할 '구체적인 정황'을 요구하고 있는 것으로 보인다. '서면 사과' 처분임에도 행정소송까지 진행되는 것을 보면 처분의 경중을 떠나 사안 심리에 신중해야 함을 알 수 있다.

맘카페도 모르는 진실

학교폭력 조치 결정에 불만이 있는 경우, 학부모들은 나름의 방식으로 대응 방안을 찾는다. 주로 지역 커뮤니티나 인터넷 맘카페 등에서 정보를 찾는 방식이다. 그런데 그곳의 정보가 본인의 상황에 완전히 적용된다고 보기는 어렵다. 학교폭력은 사안마다 상황이 다 다르기 때문이다. 또한 도움을 청하는 글에 달린 댓글들에도 쉽게 현혹되지 말아야 한다. 왜냐하면 그들이 당사자의 상황을 완전히 이해하고 해결책을 주는 정도는 아니기 때문이다. 어떤 이들은 글을 올린 당사자의 입장에서 위로하며, 행정심판과 행정소송이란 불복 절차를 활용하라고 조언해 주기도 한다. 실제로 주위에서도 그런 문의를 많이 받는다. 하지만 교육청을 상대로 한 행정심판, 행정소송을 하여도 이기기 어렵다. 왜 그럴까?

첫째, 학교폭력 대책 심의위원회는 전문가 위원들로 구성되어 있다. 현직 교장 선생님, 변호사, 판사, 검사, 경험이 풍부한 학부모전문가 등의 전문가가 심의를 진행하기 때문이다.

둘째, 그동안 축적된 빅데이터(수많은 심의 결과, 심의위원 연수, 심의위원장 연수 등)를 바탕으로 판단 요소별 점수에 부합하는 적절한 조치를 취하기 때문이다.

셋째, 교육청에는 고문 변호사들이 상주하고 있다. 소송이 들어오면 불복한 보호자 쪽의 법률 대리인보다 강력한 법률 대리인을 지니고 진행을 하게 된다. (도교육청 고문변호사, 교육청 사건수임 법무법인, 해당 사안 담당 장학사 등)

넷째, 무엇보다 학교폭력심의위원회의 조치 결정이 '이상이 없다'라는 부분을 다시 한 번 심판이나 소송에서 강력하게 어필하게 된다. 보호자의 불복은 정신적 고통과 법률비용이 발생한다. 패소 시 상대측 비용도 부담해야 한다.

다섯째, 교육청 심의위원회는 학교폭력예방법에 따라 진행되는 기구이며, 경찰이나 검찰이나 법원처럼 사법적인 판단을 하는 기구가 아니기 때문이다. 따라서 교육청 학폭심의위원회 쪽으로는 불복해도 대부분 패소하게 된다.

그럼에도 불구하고 불복을 원한다면 경찰고소, 형사고발이나 민사 쪽으로 움직이는 편이 훨씬 나은 방법일 수 있다. 그러나 이것도 추천하는 방법은 아니다. 가능하면 자녀가 학교를 온전하게 다닐 수 있도록 학교에 상담 및 요청을 하는 것이 더욱 현명한 방법이다.

학교를 방문하여 관리자, 담임교사, 학생부교사 등과 상담을 하여 학교가 자녀를 위해 들어줄 수 있는 부분을 요청하는 것이 좋다. 예를 들면, 접근금지의 범위, 학년 승급 시 학급 배정 고려, 학급 자리 배치 고려 등이다. 불복보다 학교와 원만한 관계를 유지하는 것이 학교를 통해서 취할 부분이 많을 것이다. 또한 불복하기 전에, 혹시라도 보호자의 감정이 너무 앞서 있는 것은 아닌지 냉정하게 생각해 보아야 한다. 무엇보다 학교생활을 해야 할 자녀의 의견을 가장 중요하게 청취하고, 올바른 결정을 내리는 것이 좋다. 특히 초등 저학년일 경우 학교폭력 신고를 하여 사안을 진행하는 것은 숙고, 또 숙고하는 것이 좋다.

3부
예방과
재발 방지를 위한
안전망

대부분의 부모는 자녀가 학교폭력의 피해자나 가해자가 된
이후에야 그 사실을 알고 괴로워하게 된다. 그렇다면 미리 알
고 예방할 수 있는 방법은 없을까? 또 재발을 방지할 대안이
나 사회적 안전망은 어떤 것이 있을까? 교사와 경찰관, 그리
고 학부모가 각자의 위치에서 할 수 있는 역할들을 살펴보자.

1장
우범 송치와 우범 통고 제도

우범소년 송치

'우범소년'이라는 단어를 많이 들어보았을 것이다. 법률상 개념은 "죄를 범한 소년, 형벌 법령에 저촉되는 행위를 한 10세 이상 14세 미만인 소년"으로, 해당 행위는 ① 집단적으로 몰려다니며 주위 사람들에게 불안감을 조성하는 성벽(性癖)이 있는 것, ② 정당한 이유 없이 가출하는 것, ③ 술을 마시고 소란을 피우거나 유해환경에 접하는 성벽이 있는 것에 해당하고 성격이나 환경에 비추어 앞으로 형벌 법령에 저촉되는 것으로 규정하고 있다.(소년법 제4조 제1항 제3호)

학교에서는 '위기학생 관리위원회'를 두어 담임교사나 상담교사, 지도

교사들이 관련 학생을 선도하기 위해 연락을 취하고 학교에 등교하도록 지속적인 관심을 쏟고 있다. 그러나 상습가출, 불건전 이성교제, 성매매 등에 노출된 청소년들은 학교 밖에서 사회관계가 형성되어 있기도 하고, 어떤 경우에는 본인의 의지와 상관없이 선배들에게 잡혀 있기도 하다. 스스로 그 상황을 벗어날 의지를 잃어버린 경우도 있다. 이런 경우 학교에서의 선생님들의 관심과 지도만으로 위기 상황에서 벗어날 수 없다. 또한 신속한 대응을 통해 청소년을 비행 상황에서 구조하고 상당 기간 격리를 통해 보호해 줄 필요가 있다.

이처럼 비행 상황에서 신속히 격리시켜 청소년을 보호하고 스스로 자기를 돌아볼 기회가 필요한 경우 경찰에서는 '비행 청소년 우범소년 송치 제도'를 이용하고 있다.

A라는 청소년이 상습 가출 중이거나 학교에 등교하지 않고 불건전 이성 교제에 빠져 있다고 가정해 보자. 부모님의 가정교육에는 심하게 반항한 후 가출하고, 학교에는 등교하지 않고 있으므로 학교에서의 지도도 불가능한 상황이다. 이런 경우 경찰(SPO)은 법원에 '우범소년 송치'를 신청한다. 이를테면 우범소년에 대해 처분을 의뢰하는 것이다.

우범소년 심리 절차는 다음과 같다.

경찰에서 우범 송치 → 소년법원에서 심리기일 지정 → 관련 소년과 보호자 출석 → 보호처분(1호~10호)

〈소년 보호처분의 종류〉

종류	내용	기간(연장)	적용연령
1호	보호자 또는 보호자 대신하여 보호할 수 있는 자에게 감호 위탁	6월(+5월)	10세 이상
2호	수강명령	100시간 이내	12세 이상
3호	사회봉사 명령	200시간 이내	14세 이상
4호	단기 보호관찰	1년	10세 이상
5호	장기 보호관찰	2년(+1년)	
6호	아동복지시설이나 소년보호시설에 감호위탁	6월(+6월)	
7호	병원, 요양소 또는 소년의료보호시설 위탁	6월(+6월)	
8호	1개월 이내 소년원 송치	1월 이내	
9호	단기 소년원 송치	6월 이내	
10호	장기 소년원 송치	2년 이내	12세이상

※ 7호 처분은 정신과적 치료가 필요한 경우 부과하며 정신과 치료가 가능한 대전소년원으로 입소하게 된다. 6호~10호 처분을 받으면 반드시 보호관찰을 병과하게 되고 8호 처분은 5호 처분을 병과한다.

소년보호처분이라면 흔히 범죄를 저질러서 처벌받는 것으로 알고 있지만, 여기서 보호처분은 범죄를 저지른 소년이 받는 보호처분과 내용은 같지만 성격은 다르다. 우범소년은 범죄 때문에 받는 보호처분이 아니고 비행을 교정하기 위한 처분이다. 우범 송치한다고 해서 다 소년원에 가는 것은 아니다. 우범 송치는 법원에 보호처분을 의뢰하는 것이다.

우범 송치는 왜 하는 것일까? 우범 송치를 하여 법원의 보호처분을 받으면 지역 소년보호관찰소에 있는 법무부 소속 소년보호관찰관이 보호처분을 받는 소년에 대해 지도·상담 및 준수사항 이행 여부를 점검함으로써 비행을 개선해 나간다.

보호처분을 받은 학생이 준수사항을 이행하지 않고 비행을 계속할 때에는 추가 보호처분을 받게 되고 소년원에 입소할 수도 있다. 그래서 보호처분을 받고 있는 학생들은 경찰보다 더 보호관찰관을 두려워하고 지시사항을 잘 따른다.

비행 청소년들이 재판 기일에 나오지 않으면 어떻게 될까? 재판에 출석하지 않는다면 다시 재판 기일을 정한다. 재판 불출석이 반복되면 긴급동행영장을 발행하여 경찰을 통해 신병을 확보한 상태에서 재판을 개최할 수도 있다. 비행의 정도가 중하고 청소년의 보호와 비행예방을 위해 긴급한 경우 경찰에서는 우범소년 송치 시에 긴급동행영장 발부를 요구할 수 있다.

소년부 판사가 긴급동행영장을 발부해 준 경우 신속히 관련 청소년의 신병을 확보하고 소년분류심사원(또는 소년분류심사원이 없는 지역의 경우 소년원)에 입소시켜 재판기일을 지정받고 재판 기일까지 분류 심사원에 입소된 상태에서 재판을 받게 된다. 이때 재판에서 보호 처분을 받고 소년보호시설에 입소되거나 가정으로 귀가하고 보호처분에 따른 준수사항을 이행하게 된다.

관련 청소년에 대하여 긴급동행영장이 발부된 경우 경찰은 해당 청소년의 신병을 확보하여 분류심사원에 강제 입소시킨다. 서울, 경기, 인천 지역은 안양에 있는 서울소년분류심사원을 이용한다. 그 외 지역은 별도의 소년분류심사원을 두고 있지 않기 때문에 지역 거점 소년원에서 소년분류 심사업무를 수행한다.

소년분류 심사란 범죄 소년이나 우범 소년에 대해 보호처분을 하기 위한 사전 단계로 3주 정도의 가입소기간 동안 소년을 보호하면서 교육과 심리검사, 면담, 관찰 등의 역할을 수행하는 곳으로 해당 소년에 대해 보호 처분하기 위해 필요한 판단 자료를 소년법원에 제공하며 의견을 제출할 수도 있다.

서울소년분류심사원이나 분류심사를 받기 위해 지역 소년원에 입소된 기간 동안은 보호자 면회와 전화 통화는 제한적으로 가능하다. 비행 경험이나 소년원 경험이 있는 청소년은 이 기간 동안 성실하게 생활하려고 노력한다. 생활 태도에 따라 처분이 달라질 수 있다는 사실을 잘 알기 때문이다.

우범 송치된 청소년들의 분류 절차는 다음과 같다.

분류심사원 입소 → 재판 기일(입소 후 3주) → 소년법원 재판(1~10호처분) → 처분결과에 따라 보호처분을 받고 귀가하거나 소년원 수감.

재판 당일에는 해당 청소년원은 분류심사원에서 법원으로 출석시키고 보호자는 재판정에 출석한다. 소년법원 판사는 분류기간 동안 관찰 자료와 가정환경조사, 심리검사 등 제반 자료를 검토하고 보호자의 의견을 참고하여 처분 결정을 한다.

소년원이라고 하더라도 우범 송치를 통해 가는 경우는 범죄를 저질러서 소년원에 가는 청소년과는 구분할 필요가 있다. 요즘은 소년원이라는 부정적인 선입견으로 인해 소년원이라고 부르지 않고 '○○학교'로 대외적인 명칭이 사용된다. 7호 보호처분을 받아 정신과적 치료가 필요한 청소년은 특성에 맞는 소년원으로 분류하여 입소시키는 등 학생의 특성을 고려한다. 전국에 소년원은 10개소가 있다.

우범소년 통고

우범 통고는 우범 송치와 비슷한 처분으로 다만 경찰이 하지 않고 보호자, 학교장, 보호관찰소장 등이 소년법 제4조 제3항에 따라 소년부에 처분을 의뢰하는 것이다.

소년법 제4조 ③ 제1항 각호의 어느 하나에 해당하는 소년을 발견한 보호자 또는 학교 · 사회복지시설 · 보호관찰소의 장은 이를 관할 소년부에 통고할 수 있다.

우범소년 통고 사유는 우범 송치 사유와 동일하다. 비행의 정도가 지나치고 가정이나 학교에서 관리나 교육을 통해 개선이 어려운 현실적인 필요에 의해 하게 된다. 학교에서도 우범 통고를 법원에 요청할 수 있지만 절차를 잘 모르는 경우가 많고, 또 학생을 보호처분을 받게 하거나 소년원에 입소시키려고 하지 않는 경향이 강하다. 그리고 1차적으로 보호자가 책임자이기 때문에 학교보다는 보호자가 자녀의 교육과 보호를 위하여 우범 통고를 법원에 요청해야 할 것이다.

우범 통고는 수사단계를 거치지 않으므로 신속한 절차 진행이 가능하며, 처벌보다는 비행 소년의 재발 방지를 위한 환경 조성에 노력하는 제도이다. 소년부 판사의 심리 후 보호처분을 받게 되므로 범죄 경력 기록이 남지 않고 보호처분 기간 동안 보호관찰관들이 적절히 상담과 통제를 해 줌으로써 비행 개선에 효과가 있다.

▶ **(절차)**

부모(학교장 등) 법원 민원실 접수 → 사건수리 → 조사 → 심리→보호처분 결정

▶ **(방법)**

• 구술시: 관할 가정(지방)법원에 출석하여 관련 내용 진술

• 서면 제출시: 법원민원실 또는 법원 '전자민원센터(http://help.scourt.go.kr)

　　　　　　의 양식 모음 메뉴에서 '소년 가정 · 아동보호'로 구분 설정 후

　　　　　　'소년보호–통고서(일반용,학교장용)' 다운로드

▶ **(기타)** 우범 송치와 동일함.

우범 통고를 희망하는 학부모나 학교에서는 법원 민원실에 가서 우범 통고 신청서를 작성하여 제출하면 된다.

보호자는 신청서에 소년부 담당 판사가 상황을 이해하도록 편지글 형식으로 가정환경, 자녀의 비행행위 등에 대해 기술하여 신청서에 첨부하면 더 좋다.

학교에서 우범 통고를 한다면 신청서와 함께 생활지도기록, 학교폭력 처분기록 등 추가적인 서류를 준비해야 한다.

경찰에서 우범 통고를 한다면 학부모와 대상 청소년에 대한 상담과 학교 출결사항, 비행 등에 대해 기술하고 적정한 처분을 의뢰할 수 있다.

경찰이 하는 우범 송치나 학교에서 할 수 있는 우범 통고는 보호자의 동의를 요구하지 않는다. 다만 학교에서 우범 송치를 한다면 사전에 보호자와 충분이 논의가 되었을 가능성이 있고, 그렇다면 보호자 동의서를 첨부하면 된다. 그러나 어떠한 사유(부모 무관심이나 방치)로 보호자와 논의하지 못하였다면 보호자 동의 없이 하면 된다. 보호자 동의 없이 가능한 이유는 보호를 위한 처분을 법적 권한이 있는 법원에 요청하는 것이기 때문이다.

우범 송치나 우범 통고는 가장 마지막에 고려되는 수단이다. 가정, 학교, 경찰에서도 통제할 수 없는 경우, 벌을 주기 위함이 아닌 '미성숙한 청소년을 비행 상황에서 격리시키고 재사회화를 위한 유효하고 적절한 방법'이다. 국내 거주 외국 국적 청소년도 내국인과 동일하게 우범 송치나 통고가 가능하다. 신청 시 외국인 사실증명원을 첨부해야 한다.

국가인권위에서는 우범 송치가 인권 침해의 우려가 있다고 지적하며 법무부에 우범소년 규정을 삭제하는 등 소년법 규정을 전면 개선할 것을 권고한 바 있다. 하지만 법원을 통해 보호처분을 의뢰하는 것이 인권 침해인지의 여부는 사회적 논의가 필요한 부분이다. 비행은 범죄가 아니기에 형사적 제재도 할 수 없는 법적 사각지대에 있다. 비행에 노출된 청소년들은 스스로 범죄 피해에 노출되어 있어 강제적인 보호조치가 필요한 경우가 많다. 우범 송치나 통고는 형사제재가 아니면서 긴급하게 비행으로부터 격리시키고 보호할 수 있는 유일한 제도이다.

우범 통고 신청양식

통 고 서 (일반용)

○○ 가정법원(지원) 소년부 귀중

통고인	성명			
	직장명			
	보호소년과의 관계 (□에 표시)	□ 사회복지 시설의 장	□ 보호 관찰 소장	□ 보호자
	전화번호 (집 또는 직장)	( ) －	전화번호 (휴대전화)	( )
위 통고인은 다음과 같이 보호 대상 소년을 발견하였으므로 소년법 제4조 제3항에 따라 귀 법원 소년부에 통고합니다.				
소년	성명		주민등록번호	
	학교, 학년, 반			
	주소			
	전화번호	( ) －		

소년의 보호자	성명		소년과의 관계	
	주소			
	전화번호	( ) –		

통 고 사 유

○ 통고하게된 사유의 요지(□ 에 표시)

□ 범죄를 저지름(14세 이상 19세 미만)

□ 형법 법령에 저촉되는 행위를 함(10세 이상 14세 미만)

□ 형벌법려에 저촉되는 행위를 할 우려가 있음	□ 집단적으로 몰려다니며 주위에 불안감을 조성하는 성벽(버릇)이 있음
	□ 정당한 이유 없이 가출함.
	□ 술을 마시고 소란을 피우거나 유해환경에 접촉하는 성벽(버릇)이 있음

○통고하게 된 사유의 상세(필요한 경우 별지 사용)

(일시, 장소, 행위의 내용을 명확히 하고 상세하게 기재하여 주시기 바랍니다.)

20 . . .

통고인 ○ ○ ○ (인)

우범 통고 신청양식

통 고 서 (학교장용)

○ ○ 가정법원(지원) 소년부 귀중

통고인	학교장 성명				
	학교명				
	전화번호(직장)	( ) –	휴대전화	( ) –	
	담당교사 성명	( ) –	전화번호 (휴대전화)	( ) –	

위 통고인은 다음과 같이 보호 대상 소년을 발견하였으므로
소년법 제4조 제3항에 따라 귀 법원 소년부에 통고합니다.

소년	성명		주민등록번호	
	학년, 반			
	주소			
	전화번호	( ) –		
소년의 보호자	성명		소년과의 관계	
	주소			
	전화번호	( ) –		

통 고 사 유

○ 통고하게된 사유의 요지(□ 에 표시)

□ 범죄를 저지름(14세 이상 19세 미만)

□ 형법 법령에 저촉되는 행위를 함(10세 이상 14세 미만)

□ 형법 법령에 저촉되는 행위를 할 우려가 있음	□ 집단적으로 몰려다니며 주위에 불안감을 조성하는 성벽(버릇)이 있음
	□ 정당한 이유 없이 가출함
	□ 술을 마시고 소란을 피우거나 유해환경에 접촉하는 성벽(버릇)이 있음

○통고하게 된 사유의 상세(필요한 경우 별지 사용)

(일시, 장소, 행위의 내용을 명확히 하고 상세하게 기재하여 주시기 바랍니다.)

○ 해당 □에 표시

1. 보호 대상 소년이 자신의 행위를 시인하고 있다.	□ 예 □ 부분 □ 아니오
2. 보호 대상 소년과 피해 소년 사이에 화해(사과, 금전적 배상 포함)가 이루어졌다.	□ 예 □ 아니오
3. 보호 대상 소년에 대하여 학교폭력대책 자치위원회(이하 '자치위원회'라고 한다.)가 개최되었다.	□ 예 □ 아니오
3-1. 자치위원회가 개최되지 않았다면 그 이유( )	
4. 자치위원회에서 보호 대상 소년에 대한 조치가 이루어졌다.	□ 예 □ 아니오

4-1. 자치위원회에서 보호대상 소년에게 취한 조치 − 피해 소년에 대한 서면 사과 − 피해 소년 및 신고 · 고발 소년에 대한 접촉, 협박 및 보복행위의 금지 − 학교에서의 봉사 − 사회봉사 − 학내외 전문가에 의한 특별교육 이수 또는 심리치료 − 출석 정지 − 학급 교체 − 전학 − 퇴학	□ □ □ □ □ □ □ □ □
5. 자치위원회에게 보호 대상 소년의 보호자도 특별교육을 받게 하였다.	□ 예 　 □ 아니오
6. 자치위원회에 보호 대상 소년의 보호조치가 이루어졌다.	□ 예 　 □ 아니오
6-1. 자치위원회에서 피해 소년에게 취한 보호조치 − 심리상담 및 조언 − 일시보호 − 치료 및 치료를 위한 요양 − 학급 교체 − 그 밖에 필요한 조치	□ □ □ □ □

○ 첨부할 서류
 − 자치위원회가 개최되었다면 그 관련 자료 사본, 전담기구의 사실확인 결과 보고서(진술서 등 사실
 관계를 조사한 자료 포함) 자치위원회 속기록, 의결서 전문상담교사의 상담결과보고서, 담임교사,
 책임교사 의견서 등
 − 보호 대상 소년의 학교생활기록부

20 ．　．　．

통고인 ○○○ 　(인)

소년원과 소년분류심사원

학부모나 학교의 선생님들은 일반적으로 소년분류심사원과 소년원에

대해 잘 모른다. 때문에 아이들이 그곳에 입소하면 어떻게 생활하는지 우려하는 부분이 있다. 입소 후 나쁜 친구들과 어울리면서 더 안 좋은 결과가 생기지 않을까 걱정이 앞서는 것도 무리가 아니다. 소년원과 소년분류심사원에 간략하게나마 살펴보자.

가. 현황

소년원은 전국에 10개소(서울, 안양, 춘천, 부산, 대구, 광주, 대전, 전주, 청주, 제주)가 있다. 소년법 제32조 제1항 7~10호 규정에 따라 가정법원 소년부로부터 위탁 또는 송치된 소년을 수용하여 교정 교육을 담당하고 있다. 요즘은 소년원이라고 하지 않고 ○○중·고등학교로 명칭을 바꾸었다.

소년분류심사원은 1개소(안양시 소재 서울분류심사원)가 있다. 소년법 제18조, 보호관찰등에 관한 법률 제42조 등에 따라 위탁 또는 유치된 소년 수용 및 분류심사 업무를 담당한다. 서울분류심사원은 서울, 경기, 인천 지역을 관할하며, 소년분류심사원이 없는 지역은 지역별 소재 소년원에서 분류심사업무를 수행하고 있다.

나. 분류심사원 임무

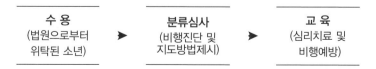

| 수 용
(법원으로부터
위탁된 소년) | ▶ | 분류심사
(비행진단 및
지도방법제시) | ▶ | 교 육
(심리치료 및
비행예방) |

분류심사원에서는 법원으로부터 위탁된 소년을 수용하고 비행진단 및 지도방법제시 분류심사, 심리치료, 비행 예방 교육을 실시하고 이를 토대로 소년법원에 소년에 대한 처분 판단자료를 제공하는 역할을 수행한다.

　분류심사원에서의 일과는 통상 06:30~07:00에 일어나 21:00에 잠자리에 든다. 09:00이후 학교 수업을 시작하여 17:00 이전에 수업은 종료된다. 당연히 학교 교과 과정과 동일하며 운동시간도 많이 부여하고 있다.

　급식의 경우 소년원이나 분류심사원 다녀온 친구들은 집에서보다 더 잘 먹었다고 이야기하곤 한다. 소년분류심사원이나 소년원에 입소된 청소년은 피복 등 일체 생활용품을 지급받는다. 개인이 소지한 피복 등은 분류심사원에서 보관하며 필요에 따라 보호자에게 돌려줄 수 있다.

　입소 기간 동안은 학교 출석으로 인정된다. 분류심사원이나 소년원에 있는 동안 상급학교로 진학하게 된 경우 재학생과 동일하게 주소지에서 중 · 고교를 배정받고 퇴소 시 배정받은 학교에 다니게 된다.

다. 위탁소년 분류심사

　우범 송치나 우범 통고를 통해서 분류심사원(소년원)에 입소한 후 10일을 전후하여 분류심사에 들어간다. 이 과정에서 비행을 진단(원인 분석 및 재비행 예측)을 하고 소년법원에 처분의견 및 지도방법 등 의견을 제시합니다. 이 과정에서 신상조사, 건강진단, 심리검사, 가정환경조사, 학교생활기록부, 비행력, 행동관찰, 학생 및 보호자 상담을 실시하게 된다.

학생이 입소하면 분류심사원(소년원)에서는 보호자에게 우편을 통해 안내문을 발송하고 가정환경조사서와 학교생활기록부를 제출하도록 하고 있으며, 이때 보호자 의견을 서면으로 제출할 수 있다. 비행의 정도가 심하고 가정에서 도저히 통제할 수 없는 상황이라면 보호자 의견을 제출하여 장기간 입소하여 학교 교육과 교정이 되도록 해 달라고 의견을 제출할 수 있다.

소년보호재판과 형사재판의 차이

학교나 학부모는 우범 송치나 우범 통고에 대해 안내하거나 권유하면 우선 전과기록이 남는 것이 아닌지 가장 먼저 걱정한다. 우범 송치나 통고를 하여 받는 재판은 소년보호재판이며 형사재판과 차이가 있다.

가정법원 소년부 법정에 출석해서 소년보호재판을 받으면 보호처분을 받는다. 보호처분은 전과기록이 남지 않으며, 처벌이 아니므로 장래에 직장을 얻거나 공무원 시험을 보거나 자격을 취득하는 데 결격사유에 해당하지 않는다. 형사재판은 범죄를 저지른 사람에 대한 재판이며, 당연히 전과기록이 남는다.

현재 계속되는 불건전 이성교제, 성매매, 장기 가출, 학교 결석, 사이버 도박 중독, 부모에 대한 위해 행위 등 다양한 비행 상황에 처한 청소년을 시급하게 보호하고 격리해서 교육할 수 있는 방법은 우범 송치나 통고가 유일하다. 이 제도를 경험한 학부모의 경우 경험 전 우려와 달리 만족도가 높았으며, 대체로 입소 기간이 짧은 청소년보다 입소 기간이 긴 청소년의 비행 개선 효과가 높았다. 지난 3년간 우범 송치를 했던 30여 명의 학부모를 대상으로 직접 모니터링한 결과, 학부모님들은 입소 후 개선에 만족해하고 있었다.

2장
아동학대의 인지와 신고

학대전담경찰관(APO)과 아동학대전담공무원

2021년에 전 국민의 공분을 산 사회적 이슈 중 하나는 아동학대 범죄이다. 학교에서 경찰에 신고한 아동학대 신고 건수는 증가 추세에 있고, 교육청에서도 학교에서 인지한 아동학대 사안에 대해 경찰에 신속히 신고하고 교육청에 보고하도록 하고 있다.

아동학대 신고도 학교폭력 신고와 같이 112, 117에 신고하거나 학교전담경찰관에게 신고하여도 신속하게 조치를 받을 수 있다.

학교에서 교사가 아동학대 사실을 인지하였을 때는 기본적으로 학대 사실에 대한 사실관계를 확인하고 몸에 상처나 학대 흔적이 있는 경우 사진을 찍어 두는 조치가 필요하다. 학대의 흔적은 시간이 경과되면서 사라질 수 있기 때문이다. 신고할 때 교사 입장에서 가장 크게 망설여지는 부분은 직접 신고할 경우 학부모로부터 항의를 받거나 악성 민원에 시달릴 수 있지 않을까 하는 점이다.

그러나 실제로 자녀를 아동학대 피해자로 신고했다고 하여 학부모가 학교나 선생님에게 항의하는 사례는 지금까지 없었다. 이는 부모라 하더라도 어떤 이유든 체벌은 나쁘다는 사회적 인식이 자리 잡았기 때문으로 보여진다. 학교에서 아동학대 신고를 받고 가정을 방문하면 학부모들은 대체로 자신의 잘못을 시인하고 반성하는 태도를 보였다.

신고 이후의 절차는 경중을 가리지 않고 예외 없이 경찰과 지자체에서 아동복지법과 아동학대처벌법 등 관련법에 따른 절차로 처리하게 된다. 이에 따라 아동학대 신고가 접수될 경우 경찰과 지자체 아동학대 전담공무원이 협조하여 현장조사 및 수사, 아동의 보호조치 등이 동시에 이루어진다.

아동복지법, 아동학대 처벌법 개정에 따라 2020년 10월 1일부터 아동학대조사 공공화가 시행되면서 시 · 군 · 구별로 아동학대전담공무원이 배치되었으며 주요 업무는 다음과 같다.

- **현장조사 및 사례판단:** 아동학대 신고를 바탕으로 아동학대 현장조사 및 아동학대 여부 판단
- **피해 아동보호 계획:** 아동 분리보호 결정 및 학대 행위자 고발 조치 등 피해 아동보호 계획 수립

- **사례점검 및 종결:** 아동보호전문기관과 월 1회 사례회의를 통해 정기적인 사례점검, 아동보호 전문기관과의 협의를 통해 사례관리 종결 실시

경찰에서는 가정폭력 및 아동·노인 학대 등에 대한 예방, 수사연계, 사후관리 등 학대업무 전반에 대한 컨트롤 타워 역할을 수행하는 학대 예방경찰관(APO: Anti-abuse Police Officer)을 운용하고 있다. 2016년 원영이 사건을 계기로 기존의 가정폭력 전담경찰관을 학대예방경찰관으로 확대 운영하고 있으며, 주요 업무는 다음과 같다.

- **전수합동조사:** 아동학대 사건에 대한 재발 위험성, 추가 보호조치 필요성 등 검토
- **유관기관 협업:** 경찰-아동학대전담공무원(아동보호전문기관)과 현장 동행 출동 및 정보공유, 유관기관·학교 등 합동, 피해아동 보호 사례회의 참여
- **시설점검·교육:** 복지부·교육부·지자체 등 합동, 보호시설 점검 및 인식전환 교육
- **사후 지원:** 법률 상담, 경제적·의료지원 등 복지서비스 지원 연계

아동학대 사건 수사는 경찰서와 도경찰청 여성청소년 수사팀에서 전담하고 있다. 아동학대 신고를 접수한 경찰에서는 피해 아동이 초등학

생이거나 장애가 있는 경우도 경찰청 여성청소년 수사팀에서 수사를 하고 그 이외의 아동은 일선 경찰서에서 수사한다.

전국 지자체에는 아동보호전문기관이 있다. 아동보호전문기관은 아동학대전담공무원이 배치되기 이전까지 아동학대 신고접수, 조사 등 업무를 수행하였고 현재는 아동학대 사례 전담기관으로서 역할을 수행하고 있다.

아동학대와 아동학대 범죄

아동학대란 보호자를 포함한 성인이 아동의 건강 또는 복지를 해치거나 정상적 발달을 저해할 수 있는 신체적·정신적·성적 폭력이나 가혹행위를 하는 것과 아동의 보호자가 이동을 유기하거나 방임하는 것을 말한다고 규정(아동복지법 제3조 제7호)하고 있다.

아동학대 범죄란 보호자에 의한 아동학대 행위로 아동학대처벌법 제2조 제4호에 열거된 어느 하나에 해당하는 죄를 말한다. 아동학대처벌법상 '아동'은 18세 미만의 사람을 말하며, '보호자 및 성인'은 만 19세 이상인 사람을 말한다. 보호자는 친권자, 후견인, 아동을 보호·양육·교육하거나 그러한 의무가 있는 자 또는 업무.고용 등의 관계로 사실상 아동을 보호·감독하는 자를 말한다.

아동학대범죄처벌법은 아동학대 범죄를 알게 된 경우나 의심되는 경우 즉시 수사기관에 신고하도록 규정하고 있으며, 제10조 제2항에서 신고의무자를 열거하고 있다. 만약 정당한 사유 없이 신고하지 않는 사람은 1천만 원 이하의 과태료 처벌을 받게 된다. 또한 수사기관은 신고가 접수되면 정당한 사유가 없는 한 즉시 조사 또는 수사에 착수하도록 규정하고 있다.

아동학대처벌법은 보호자에 의한 학대 행위를 처벌하며, 선생님들은 보호·감독하는 자의 지위를 가지고 있기 때문에 선생님이 학생을 대상으로 가해 행위를 하면 형법상 폭행이나 모욕이 아닌 아동학대처벌법상 학대 행위로 처벌받을 수 있다.

아동복지법상 신체적·정서적·성적 학대와 방임의 유형에 대해 살펴보고 아동학대처벌법상 처벌 유형에 대해 살펴봄으로써 학대 행위에 대한 개념을 명확히 할 수 있을 것이다. 아동학대 범죄는 형법상 범죄, 아동복지법상 범죄의 행위 유형을 포함한다.

(1) 아동학대의 유형

아동학대의 유형은 크게 네 가지가 있다. 아동의 건강과 복지를 해치거나 정상적 발달을 저해할 수 있는 신체적 학대, 정신적 폭력행위나 가혹행위, 성폭력 또는 성적 가혹행위, 그리고 아동의 보호자가 아동을 유기하거나 방임하는 행위이다. 각 유형별 예는 다음의 표를 참고하면 된다.

가. 신체 학대

정의	신체 학대의 예
아동의 건강 · 복지를 해치거나 정상적 발달을 저해할 수 있는 신체적 폭력 또는 가혹행위 (아동복지법 제3조 제7호)	– 직접적으로 신체에 가해지는 행위(손, 발 등으로 때림, 꼬집고 물어뜯는 행위, 조르고 비트는 행위, 할퀴는 행위 등) – 도구를 사용하여 신체를 가해하는 행위(도구로 때림, 흉기 및 뾰족한 도구로 찌름 등) – 신체에 유해한 물질로 신체에 가해지는 행위(화학물질 혹은 약물 등으로 신체에 상해를 입히는 행위, 화상을 입힘 등) – 완력을 사용하여 신체를 위협하는 행위(강하게 흔듦, 신체부위 묶음, 벽에 밀어붙임, 떠밀고 움겨잡음, 아동 던짐, 몸을 거꾸로 매닮, 물에 빠뜨림 등)

나. 정서 학대

정의	정서적 학대의 예
아동의 건강 · 복지를 해치거나 정상적인 발달을 저해 할수 있는 정신적 폭력 또는 가혹행위 (아동복지법 제2조 제7호)	– 언어폭력 행위(소리지름, 무시 또는 모욕, 원망적 · 거부적 · 적대적 · 경멸적 언어폭력, 아동에게 시설 등에 버리겠다고 반복적으로 위협하는 행위 등) – 정서적 위협(공포분위기 조성, 좁은 공간에 혼자 가둬둠, 집밖으로 쫓아냄, 미성년자 출입금지 업소에 지속적으로 아동들을 데리고 다니는 행위, 가정폭력에 노출시킴, 잠을 재우지 않거나 다른 아동을 학대하도록 강요하는 행위 등) – 아동에 대한 비현실적 기대를 강요하는 행위(돈을 벌어오라며 위협, 과도한 고업이나 행동 요구 등) – 형제나 친구등과 비교 · 차별 · 편애 · 왕따 시키는 행위 등

다. 성적 학대

정의	성적 학대 예
아동의 건강·복지를 해치거나 정상적인 발달을 저해할 수 있는 성폭력 또는 성적 가혹행위 (아동복지법 제3조 제7호)	– 자신의 성적 만족을 위해 아동을 관찰하거나 아동에게 성적인 노출을 하는 행위(옷을 벗기거나 벗겨서 관찰하는 등의 관음적 행위, 성관계 장면 노출, 나체 및 성기 노출, 자위행위 노출 및 강요, 음란물을 보여 주는 행위 등) – 아동을 성적으로 추행하는 행위(구강추행, 성기추행, 항문추행, 기타 신체 부위를 성적으로 추행하는 행위 등) – 아동에게 유사성행위를 하는 행위(드라이 성교, 구강성교, 항문성교) – 성교를 하는 행위(성기삽입) – 성매매를 시키거나 성매매를 매개하는 행위 등

라. 방임

정의	방임의 예
아동의 보호자가 아동을 유기하거나 방임하는 행위 (아동복지법 제3조 제7호)	– 물리적 방임(기본적인 의식주를 제공하지 않음, 위험과 상해로부터 아동을 보호하지 않음, 불결한 환경 및 위험상황에 아동 방치, 아동을 병원에 입원시키고 사라짐 등) – 교육적 방임(정당한 사유 없이 의무교육을 제공하지 않음, 무단결석을 허용하거나 지도하지 않는 등 아동의 교육적 욕구 및 의무에 대한 방치행위 등) – 의료적 방임(필요한 의료적 처지 거부 등) – 유기(아동을 보호하지 않고 버림, 시설 근처에 버리고 감, 친족에게 연락하지 않고 무작정 친족 거주지 근처에 아동을 두고 사라지는 행위 등)

(2) 아동학대 범죄의 유형

가. 형법상 범죄(아동학대처벌법 제2조 제4호)

죄 명	내 용
폭행 및 상해 등	신체를 폭행하거나 상해
특수폭행, 특수상해	단체 또는 다중의 위력을 보이거나 위험한 물건을 휴대하여 폭행 또는 상해
유기	보호할 법률상 또는 계약상 의무 있는 자가 유기
유기치상	유기, 또는 학대죄를 법하여 상해에 이르게 한때
학대	자기의 보호 또는 감독을 받는 사람을 학대
체포감금, 중(특수) 체포감금 등	사람의 신체를 구속하여 신체의 자유를 빼앗고 일정한 장소 밖으로 나가지 못하게 하는 것
협박, 특수협박	사람을 협박하거나 단체 또는 다중의 위력이나 위험한 물건을 휴대하여 협박
미성년자 약취유인 등	미성년자를 폭행 또는 협박을 수단으로 자기 또는 제3자의 지배하에 옮기는 것, 기망 또는 유혹하여 옮기는 것
강간, 강제추행 등	폭행, 협박으로 사람을 강간, 유사강간, 추행, 미성년자를 위계 위력으로 간음하는 행위
명예훼손, 모욕 등	공연히 사실이나 허위사실을 적시하여 비상하거나 모욕하는 행위
주거 신체수색	사람의 신체 주거, 방 등을 수색(뒤지는)하는 행위
강요, 공갈	– 폭행 또는 협박으로 권리행사 방해하거나 의무 없는 일을 시키는 행위 – 사람을 공갈하여 재물의 교부를 받거나 이익을 취득
재물손괴	타인의 재물, 문서 등을 손괴, 은닉, 효용을 해하는 것

나. 아동복지법상 범죄(아동학대 처벌법 제2조 제4호) → 〈아동복지법 제17조 금지행위〉

- 아동을 매매하는 행위

- 아동에게 음란한 행위를 시키거나 매개하는 행위 또는 아동에게 성적 수치심을 주는 성희롱 등의 성적 학대 행위

- 아동의 신체에 손상을 주거나 신체의 건강 및 발달을 해치는 신체적 학대 행위

- 아동의 정신건강 및 발달에 해를 끼치는 정서적 학대 행위

- 자신의 보호 · 감옥을 받는 아동을 유기하거나 의식주를 포함한 기본적 보호 · 양육 · 치료 및 교육을 소홀히하는 방임행위

- 장애를 가진 아동을 공중에 관람시키는 행우

- 아동에게 구걸을 시키거나 아동을 이용하여 구술하는 행위

- 공중의 오락 또는 흥행을 목적으로 아동의 건강 또는 안전에 유해한 곡예를 시키는 행위 또는 이를 위해 아동을 제3자에게 인도하는 행위

신고와 처리 절차

아동학대를 신고하는 방법은 경찰의 112 신고 외에 지자체(시 · 군 · 구)의 아동학대 상담전화가 있다. 112 신고 전화는 아동학대 대응을 위한 긴급전화이므로 사건 신고가 아닌 제도 · 절차나 아동학대 관련 상담

인 경우 보건복지상담센터(129), 지자체, 아동보호전문기관의 행정전화를 이용할 수 있다. 어느 곳으로 전화하든 상호 공동대응하기 때문에 필요한 도움을 받을 수 있다.

학교는 아동학대 사실을 확인하고 112신고 또는 학교전담경찰관에게 신고하면 된다. 꼭 문서상 신고일 필요는 없으며 구두로도 충분하다. 학교에서는 교육청에 보고하고 해당 학생에 대해 관심 있게 지도해 주면 된다.

법적인 처리, 상담 지원, 사례 관리 등은 경찰과 지자체 아동학대 전담공무원이 책임을 지고 수행한다. 아동학대 신고자(선생님)가 경찰에 별도로 진술하는 절차 없이 처리되므로 부담 없이 신고하면 되며 신고자는 관련법의 보호를 받는다.

〈아동학대 신고자 보호 규정〉

1. 아동학대처벌법 제10조 제3항 (아동학대 범죄 신고의무와 절차)

2. 특정범죄신고자등보호법 제8조 (인적사항 공개금지) …중략… 누구든지 … 범죄 신고자 등이라는 정황을 알면서 그 인적사항 또는 범죄신고자 등임을 미루어 알 수 있는 사실을 다른 사람에게 알려 주거나 공개 또는 보도하여서는 아니된다. (3년 이하의 징역 또는 3천만 원 이하의 벌금)

3. 공익신고자 보호법: 아동학대 범죄 신고자는 공익신고자 보호를 받음 (5년 이하의 징역 또는 5천만 원 이하의 벌금)

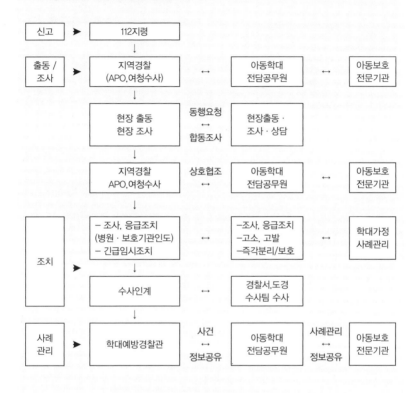

〈신고 후 처리 절차 흐름도〉

가상 사례를 들어 아동학대 신고 시 경찰의 활동 사항에 대해 살펴보자.

○○중학교 담임교사는 A학생이 게임을 많이 한다는 이유로 아버지로 부터 체벌을 당했다는 사실을 알고 112를 통해 경찰에 신고하였다.

아동학대 신고를 접수한 112지령실에서는 지구대(파출소) 경찰과 경찰서 여성청소년 수사팀을 피해 아동의 주거지(현장)로 출동시켜 피해아동과 가해행위자(부모 등)를 상대로 학대 행위 사실관계를 조사한다.

피해학생에 대한 체벌로 종아리에 멍이 든 것을 확인한 경찰은 응급조치를 한다. 응급조치는 현장에서 바로 이루어지는 조치이다. 가해 행위를 제지하고 가해 행위자인 아버지를 격리하는 조치, 치료가 필요한 경우 의료기관에 인도하는 것, A 학생을 임시 보호시설(청소년 쉼터 등)에 인도하는 것을 말한다. 이러한 조치는 현장에서 이루어진다.

이러한 응급조치에도 불구하고 학대가 재발될 우려가 있고 긴급하다고 판단되는 경우 직권 또는 피해자 측의 의견에 따라 긴급 임시조치를 할 수 있다. 긴급 임시조치는 현장에 출동한 경찰관이 현장에서 하는 조치로 다음과 같다.

- 피해아동 등 또는 가정구성원의 주거로부터 퇴거 등 격리
- 피해아동 등 또는 가정구성원의 주거, 학교 또는 보호시설 등에서 100미터 이내 접근 금지
- 피해아동 등 또는 가정구성원에 대한 전기통신을 이용한 접근 금지

이러한 현장 조치와 함께 경찰은 A학생의 아버지에 대해 형사입건하고 형사절차를 진행하게 된다. A학생의 아버지는 형사처벌과 함께 아동보호 전문기관에서 실시하는 상담교육 등을 이수하라는 법원의 처분을 받게 된다. 이를 이행하지 않으면 1천만 원 이하의 과태료가 부과된다.

학대 신고 이후

아동학대 신고를 했을 때 보호자가 처벌받게 되는 상황을 우려스러워할 수 있다. 신고와 처벌 이후에도 학생들은 부모의 보호를 받고 가정에서 같이 생활해야 할 수밖에 없기 때문이다. 학대를 받은 학생 스스로도 자신과 관련된 일로 부모가 경찰서에 불려가 조사받는 것을 걱정하기도 한다. 그럼에도 불구하고 꼭 신고를 해야 하는 이유는, 가정에서의 학대 행위는 외부에 알려지지 않는 은밀성이 있기 때문에 장기화되고 반복적 특성을 보이기 때문이다. 누군가 신고하지 않는다면 스스로 제어하기 힘들다는 것이 가장 큰 위험이다.

아동학대 신고에 따라 보호자가 처벌받으면 학대 행위가 겉으로 드러남으로써 학대 행위가 중지될 수 있다. 이는 가해 당사자와 학대받는 아동을 위해서도 바람직한 일이고 다시 건강한 가정이 될 수 있다. 학대 행위로 신고된 대부분의 보호자는 반성하는 모습을 보이고 폭력적이거나 방임적인 태도를 고친다. 그리고 학교에서 신고하였다고 학교에 항의하거나 선생님을 탓하는 보호자는 거의 없다.

학대 신고 이후 경찰과 아동학대 전담공무원, 아동학대 전문기관 등에서는 대상 가정에 대해 모니터링과 상담 지원을 통해 학대 행위의 재발을 방지하기 위한 노력을 계속한다.

3장

회복적 경찰 활동

    회복적 경찰활동은 '회복적 정의의 이념과 실천방식에 입각한 경찰활동'으로 갈등·분쟁 및 범죄 해결에 있어 가·피해자 및 공동체 구성원의 적극적이고 자발적인 참여를 통해 관계를 회복하고 궁극적으로는 공동체의 평온을 유지하고자 하는 경찰활동의 새로운 페러다임이다. 일반적으로 가해자와 피해자, 이해관계자가 참여하는 '회복적 대화 모임' 형태로 실천된다.

회복적 대화 모임과 참여 방법

    경찰에 신고되는 '학교폭력' 중에는 가·피해자가 화해와 이해를 통해 형사 절차를 밟지 않고 해결될 수 있는 사안이 상당히 많다. 그럼에도 불구하고 학교폭력 발생 초기 감정이 고조된 상태에서는 경찰에 처벌을 원하는 경우가 많다.

그러나 사안이 경미하고 피해가 중하지 않은 경우 '회복적 대화모임'을 통해 서로의 갈등과 오해를 해소함으로써 처벌 불원과 화해에 도달할 수 있다. 이러한 방식은 형사 절차를 진행하여 처벌하는 것보다 사후에 악감정을 해소하고 관계를 회복하는 데 유리하게 작용하고 처벌에 따른 낙인효과도 예방할 수 있다.

경찰에서는 2019년 '회복적 경찰활동'을 시범운용하고 2021년부터 전국적으로 확대 실시하고 있다. 학부모는 자녀가 학교폭력으로 경찰에 입건된 경우 학교전담경찰관에게 '회복적 대화모임'을 개최해 줄 것을 요청할 수 있다. 학교전담경찰관은 학교폭력 양측 당사자의 참여 의사를 확인한 후 모두 동의하는 경우 '회복적 대화모임' 절차를 진행할 수 있다. 이 절차는 강제적이지 않으며 양측의 동의와 참여 의사에 따라 실시하는 임의적인 조치이다.

'회복적 대화모임'에 참여하는 학교폭력 당사자들은 화해와 합의를 통해 고소 의사를 철회하는 경우가 많다. 그동안 학교폭력이 발생한 경우 사전에 가·피해자 간 화해나 오해를 해소할 기회도 없이 사법처리 했던 전례에 비추어 본다면 진일보한 제도다.

회복적 대화모임이 필요한 이유는 사건 발생 초기 당사자 간 갈등이 심화되기 전에 선제적으로 개입함으로써 피해자의 피해를 회복하고, 가해자를 재사회화하는 데 훨씬 효과적이기 때문이다. 검찰·법원 단계까지 형사 절차가 장기적으로 이어질 때 발생할 수 있는 사건 지연, 가해자에 대한 부정적 낙인 효과, 피해자에 대한 2차 피해 등을 최소화 시킬 수 있다.

학교폭력 사안으로 형사절차를 진행할 경우 가·피해자 상호 간에 감정이 해소되고 용서하고 용서받을 기회가 주어지지 않는다. 당연히 관계 회복은 거의 불가능하게 될 것이다. 회복적 대화모임은 이러한 문제점을 해소하고 관계 회복에 중점을 둔 절차이다.

회복적 대화모임에 참여한다고 하더라도 형사 고소를 못 하거나, 또는 중간에 취하해야 하는 것은 아니다. 피해자 측의 의사에 따라 형사절차는 별도로 진행할 수 있다. 물론 피해자 측에서 처벌 의사를 철회하거나 합의서를 도출하는 것도 가능하다. 사건에 따라서는 피해자가 처벌 의사를 철회해도 형사절차는 그대로 진행되는 경우도 있다. 물론 처벌의사를 철회한다면 정상 참작은 될 것이다.

즉 처벌 여부와 별개로 회복적 대화모임은 '가해자와 피해자 간 관계 회복'에 목적을 두고 있으며 회복적 대화모임 참여 결과는 사건 수사 서류에 첨부되어 처벌에 참고자료가 된다.

학교폭력 가해자와 피해자의 보호자가 학교전담경찰관에게 회복적 대화모임 참여를 희망하면 절차가 진행되며, 양측에서 협의한 일시에 경찰서에서 와서 담당 경찰관의 안내에 따라 참여하게 된다. 별도로 준비해야 할 사항은 없다. 1회성 대화모임으로 1~2시간 내에 종료될 수 있고, 당사자 간에 화해가 이루어지지 않고 상충되는 경우 대화 모임을 추가로 할 수 있으며 일방이나 양측이 거부할 경우 대화모임은 종료된다.

〈회복적 대화 단계〉

대화모임 준비	진행자 선발 및 비밀 준수 서약서 제출 절차안내 및 참여의사 최종 확인 진행자의 제척 · 기피 · 회피
대화활동	일반사항 사전모임
본 모임	준비단계 대화 전 설명 단계 확인서 및 참여동의서 작성 진행자 대화 전 설명 약속이행문 작성 및 종료
수사부서 등 회신	담당 경찰관은 대화모임 결과를 담당 수사관에 회신

회복적대화모임에 참여한 학부모들은 공통적으로 안도감을 표시한다. 피해학생의 부모들은 보통 가해학생에 대해 극도로 경계심을 갖고 있으며 보복폭행의 두려움도 가지고 있다. 그러나 가해학생과 학부모를 만나고 나면 대부분 막연한 두려움과 걱정을 덜어내게 된다.

가해학생도 똑같은 또래 아이라는 점을 인식하고, 부모 간에 상호 잘

잘못을 이야기하고 화해함으로써 홀가분한 마음으로 회복적 대화모임을 마치게 된다.

회복적 대화모임은 경찰관이 참여하여 진행하기 때문에 신뢰감도 줄 수 있다. 또 관련 학생들은 잘못된 행위 반복이나 보복 행위를 하지 않겠다는 내용의 '약속이행문'을 경찰관 앞에서 작성함으로써 재발 방지 효과도 기대할 수 있다.

〈회복적 대화모임 가상 사례〉

사건 개요 (학교폭력)

가해자 A는 고등학교 2학년으로 동네 후배 B와 대화하던 중 B가 욕한다는 이유로 집으로 찾아가 불러낸 후 뺨을 1회 때리는 폭행을 하였다.

(사건 연계) 학교전담경찰관이 학부모와 학생의 동의를 받아 진행

학교전담경찰관은 피해가 경미하고 평소 잘 알고 지내는 동네 선 · 후배라는 점, 가 · 피해자가 서로 화해할 가능성이 있다고 보고 학부모의 동의를 받아 회복적 대화모임에 연계

(대화 과정)

사전모임을 통해 '가해자가 어떤 생각을 하는지 들어보고 싶다'는 피해자의 마음을 확인하였고 가해자도 사건 직후 피해자를 폭행한 잘못에 대해서 인정하고 사과했으나 합의 의사를 가지고 있음

본 모임에서 피해자는 가해자가 먼저 SNS에서 자신을 비꼬는 말을 하여 자신도 대응하여 '찐따 같은 놈'이라고 하였는데 집까지 찾아와 폭행하여 경찰에 신고하게 되었다고 하였다.

가해자는 장난으로 비꼬는 말을 했는데 욕을 하여 화가나 폭행하였다며 자신의 잘못을 사과했다. 피해자는 가해자가 선배이고 자신이 말을 거칠게 한 잘못도 있다며 서로 용서하기로 하였다. 보복폭행은 없기로 하였다.

(대화 결과)
사건은 대화모임 결과보고서를 참고하여 불기소(공소권 없음) 처분되었다. 두 학생은 이후 약속이행문에 명시한 대로 서로를 배려하며 지내고 있는 것으로 확인되었다.

회복적 대화모임에서 작성하는 서류는 약속이행문 한 장이다. 이것이 법적인 효력을 갖는 것은 아니다. 약속을 이행하지 않았다고 하여 별도의 제제가 있는 것도 아니다. 순수하게 화해하고 앞으로 서로를 배려하자는 차원에서 작성하는 것이다. 그러나 수사서류에는 첨부되기 때문에 반성하고 있다는 점을 부각시킬 수 있어 처분에 있어 참고가 될 수 있다.

이 대화모임을 통해 합의를 작성하는 것도 가능하다. 회복적 대화모임에 참여 하였던 학교폭력 관련 당사자들은 이 대화모임을 통해 화해하여 쌍방의 경우는 상호 처벌불원서를 작성하거나 합의서를 작성하는 경우가 많았다.

무엇보다 경찰이 공개적인 자리를 마련하고 당사자가 참여에 동의하는 형태의 대화모임이기 때문에 공식적인 화해의 자리가 될 수 있다. 이제까지 경찰이 주관하는 화해를 위한 대화모임은 없었다.

약 속 이 행 문

1. 우리는 회복적 대화모임을 통해 아래와 같은 대화 내용을
   이행할 것을 약속하였다.

2. 이 약속 이행문의 약정 내용은 현재부터 모두 이행되어야 한다.

20 . . .

이름	(서명)	이름	(서명)

경찰 조사 단계에서 청소년에게 유익한 제도

경찰은 학교폭력이나 범죄로 조사받는 청소년을 대상으로 다양한 프로그램을 운용하고 있다. 자녀의 학교폭력으로 연락을 받은 학부모들은 대체로 경황이 없고, 이러한 제도를 잘 모르고 있어 경찰이 안내를 해도 거부하는 경우가 있다.

여기서 소개하는 선도 프로그램과 전문가 참여제 등은 경찰 조사와 동시에 이루어지고 이 프로그램 이수 결과는 수사서류에 편철되어 검찰이나 법원으로 송치되어 해당 처분에 참고자료로 활용하게 되므로 유익한 제도이다.

1. 선도 프로그램(사랑의 교실)

청소년이 경찰 조사를 받을 때 담당 수사관 또는 학교전담경찰관은 대상 청소년과 학부모에게 선도 프로그램을 안내해 주고 있다. 경찰 자체적으로 진행하는 것도 있으며 전문기관으로 연계해 주기도 한다. 참여를 희망하는 청소년과 보호자가 담당 수사관 또는 학교전담경찰관에게 요청하면 된다.

프로그램은 상담기관별로 상이할 수 있으며 이수 시간은 최소 3회기 이상 10시간으로 진행된다. 프로그램 이수 비용은 전액 국비 지원되며 코로나19 단계에 따라 비대면으로 진행될 수 있다.

프로그램 명	대상	수행 기관
경찰 선도 프로그램 (희망동행교실)	즉심 · 훈방 대상 경미 소년범 및 학교 등에서 의뢰된 비행 학생	경찰 자체
전문기관 연계 선도 프로그램 (사랑의 교실)	검찰 · 법원 송치 대상 소년범 및 즉심 · 훈방 등 모든 비행 청소년	지역 청소년 상담 기관
치유 선도 프로그램 (마음나눔교실)	학교폭력 가해학생 등 폭력성향이 있는 청소년	협약 병원

※ 치유 선도프로그램은 협약 병원이 없는 지역 등은 제한될 수 있다.

2. 전문가 참여제

경찰에서는 경찰에서 범행으로 조사받는 청소년을 대상으로 '전문가 참여제'를 운용하고 있다. '전문가 참여제'는 소년범을 대상으로 '범죄심리상담사' 대면 상담을 통해 해당 청소년의 문제와 재범 가능성을 진단하는 것으로 대상 소년의 선도를 위한 처분에 참고자료로 활용된다.

이 역시 수사관과 학교전담경찰관에게 요청하면 된다. 학교전담경찰관은 해당 청소년이나 학부모와 협의된 날짜에 '범죄심리상담사'를 섭외하고 경찰서 상담실에서 상담과 심리검사 설문지를 작성하면 종료된다. 두 시간 정도 소요되는 1회성 절차이며 국비로 진행된다. 상담 내용은 기본적으로 비밀 유지가 원칙이다. 그러나 학부모에게는 자녀 지도에 도움을 주기 위한 목적으로 최소한의 상담 결과를 제공하기도 한다.

3. 청소년 안전망 연계

청소년 안전망은 지방자치단체와 여성가족부, 학교, 경찰 등 유관기관이 공동으로 참여하는 협의체 사업으로 위기청소년(비행, 경제적 빈곤, 자살 등)에 대한 포괄적인 지원 프로그램이다.

비행청소년에 대한 상담지원, 경제적 빈곤 가정 청소년에 대한 학습지원, 정신과 치료 및 심리상담 지원, 자격증 학원비 지원, 교통비 등 생활비 지원, 급식비 지원, 학교밖 청소년에 대한 검정고시, 건강검진 등 청소년에 대한 포괄적인 지원을 받을 수 있다.

참여를 희망하는 청소년이나 학부모는 학교전담경찰관에게 청소년 안전망 연계를 요청할 수 있다.

4. 학교폭력 피해자 안전조치

학교폭력 피해자 또는 피해가 우려되는 경우 안전조치를 경찰에 요청할 수 있다. 신청을 원한다면 경찰서에 비치되어 있는 안전조치신청서, 개인정보활용동의서 등을 작성하여 제출하면 된다. 경찰에서는 사안의 중대성, 급박성, 위해 위험 등에 대해 심의하고 그에 맞추어 안전조치를 한다.

안전조치라 하면 보통 근접해서 지켜 주는 것을 떠올리지만, 경찰은 근접해서 또는 수행하면서 안전조치를 하지 않는다. 안전조치에 대한 세부적인 내용은 경찰에 문의하여 안내받을 수 있다. 안전조치 대응 과정에서 안전조치 대상자의 휴대폰 위치추적을 병행할 수 있다.

사안이 중대하고 위험이 큰 경우 신변보호 대상자에게 스마트 워치를 지급할 수 있다.

스마트 워치는 가정폭력 · 스토킹 · 성폭력 피해자 등 범죄 피해자 등에게도 지급될 수 있으며, 사안에 따라 또는 본인이 원치 않는 경우 지급되지 않을 수도 있다. 학교폭력 위해가 있는 경우 반드시 신속하게 112 신고를 해서 경찰의 도움을 받아야 한다.

5. 사랑의 지우개

경찰에서는 문신을 한 청소년들을 대상으로 문신 제거 시술을 받을 수 있도록 도움을 주고 있다. 일명 '사랑의 지우개' 프로그램인데, 경찰과 재능기부를 희망하는 피부과병원이 공동으로 진행하는 사업이다.

'사랑의 지우개'는 상 · 하반기로 나누어 문신 제거를 희망하는 청소년들의 신청을 받는다. 도움을 원한다면 가까운 경찰서 여성청소년계를 방문하여 신청하거나 학교전담경찰관에게 신청하면 된다.

단, 이 프로그램은 재능기부로 시행하는 것이기 때문에 신청한다고 모두 혜택을 받을 수 있는 것은 아니다. 해당 병원에서는 신청자 중 해결 가능한 대상자를 선정하여 시술을 해 주고 있다.

4장
교육 현장에서 대안 찾기

또래상담과 또래조정

"우리들의 사소한 갈등이나 다툼은 또래상담을 통해 해결해요."

"선생님이 나서는 것보다 거부감도 없고 그 상황을 저희들이 잘 아니까 해소가 쉬워요."

학교폭력예방을 위한 효과적인 방법으로 청소년 또래상담이 예방의 모범사례로 설득력을 얻고 있다. 상담전문가는 아니지만, 또래상담자 양성교육, 개인상담, 집단상담 등의 프로그램 참여를 통해 학생들이 상담능력을 배양해 또래를 상담하거나 조정하는 역할을 수행한다.

2017년 여성가족부 청소년백서에 따르면, 전국 초·중·고 8,005개 학교에서 지도교사 5,552명, 또래상담자 24만 7,386명이 활동하며, 청소년들의 고민상담 대상으로 '친구·동료'가 1순위(44.4%)로 또래상담 프로그램이 청소년들의 대인관계 개선 및 학교폭력 예방에 효과적인 것으로 나타났다. 그 밖에, 청소년 고민상담 대상으로 2순위 '부모'(24.1%), 3순위 '스스로 해결'(21.8%), 4순위 '형제, 자매'(5.1%) 순으로 표현됐다.

청소년 또래상담은 학교 내 학생상담자들이 학교생활에 어려움을 겪는 친구들을 직접 상담하고 심리·정서적으로 지원하는 활동이다. 또래상담을 통해 또래들과 좋은 인간관계를 맺을 수 있고, 대화를 나눌 수 있으며, 문제나 고민을 이해하고 해결하는 데 조력할 수 있는 역할을 한다.

통상, 학교별 학년초에 동아리 형태로 조직이 되며 교내·외 또래상담, 학교폭력예방캠페인, 역할극, 캠프 등의 활동을 수행한다. 이를테면, 학급에서 소외된 친구들에게 관심과 심리적인 지지, 학급원 간의 갈등을 중재, 어려움에 처한 또래들에게 도움을 주거나 외부 전문기관의 도움을 받을 수 있도록 연결해 주는 역할을 한다.

다양한 활동영역을 구상할 수 있는 또래상담은 또래학습지도, 약물오·남용 예방과 교정, 성 문제 예방과 해결, 폭력집단가입 등의 문제를 예방한다. 무엇보다 또래상담은 명시적인 역할을 받고 움직일 수도 있지만, 또래관계 속에 자연스럽게 또래들의 심리적 지원자로서 매우 중요한 역할을 차지한다.

경기 K고 J 전문상담교사는 "또래조정의 경우, 예를 들어 친구가 내 험담을 하고 다닌다는 소리를 들었을 때, 학급에서 친했던 친구와 다툰 후 화해하고 싶을 때, 현장체험학습 갈 때 함께 다닐 친구가 없을 때, 학급에서 체육대회 때 반 단체 티셔츠를 만들자는데 자신은 하고 싶지 않을 때 등 다양한 상황에서 유용하게 적용될 수 있다"고 말했다.

한편 또래조정과 또래상담은 또래들 사이의 문제를 해결하기 위해 도움을 준다는 점에서 유사하나, 또래상담이 어려움을 호소하는 또래친구를 지지하고 지원하는 과정을 통해 청소년 문제 해결에 도움을 주는 것이라면, 또래조정은 갈등 당사자들이 직접 만나 대화를 통해 당사자끼리 그들의 문제를 해결하는 과정을 제3자인 또래조정자가 실질적으로 개입하여 돕는다는 점이다.

상담이라는 것이 쉬워 보이지만 깊게 들어갈수록 어려운 분야이기에, 또래상담도 신중하고 조심스럽게 여겨져야 된다. 또래상담은 상담전문가에게 받는 것보다 심리적으로 편안함을 느낄 수 있지만, 매우 조심스러운 부분도 있기에 단위학교에는 반드시 전문상담교사가 상주하면서 함께 진행하는 것이 좋다.

또래상담 양성과정을 거친 학생들은 학교폭력 징후를 조기에 발견하고, 개입하여 모두가 배려하고 공감하는 비폭력 학교문화 조성을 위해 노력하고 있다. 또래의 문제를 또래가 상담을 통해 해결한다는 취지에서 적극 지지되고 장려돼야 한다.

이제는 학교현장에 대한 이해와 공감을 바탕으로 청소년 또래상담 활성화에 노력해야 한다. 그래야만 어려움을 호소하는 친구들을 지원하고 지지하는 건전한 또래문화를 만들 수 있다. 교육당국, 교육청은 또래상담 프로그램 개발, 지도교사 연수, 또래상담 운영학교 컨설팅, 또래상담자 양성, 운영노하우 공유, 상담사례 등의 다양한 지원 방안을 모색해야 한다.

또래상담을 정착시키는 방법은 간단하다. 우선 전교생 대상 교육을 진행하고, 관심 있는 학생들을 선발하여 교육시켜야 한다. 청소년 문제는 늘 어른들이 해결해야 한다는 고정관념을 버리는 순간, 학생들은 상담자로 나설 수 있다.

달라지는 교육현장에 맞는 대책이 필요하다

코로나19의 팬데믹으로 등교수업보다 원격수업이 길어지다 보니, 학생들의 인터넷 사용 시간도 늘어나고 있으며, 이에 따른 부작용으로 사이버 학교폭력이 예전과는 전혀 다른 양상으로 전개되고 있다. 사이버 공간에서 따돌림, 집단따돌림, 욕설, 비방 등의 언어폭력이 학생들이 사용하는 스마트폰, 컴퓨터 등의 매체를 타고 온라인상에서 확대 및 재생산, 공유되면서 사이버 학교폭력 피해의 심각성이 커지고 있다.

그동안 학교폭력은 특정 장소에서 이뤄지는 물리적 폭력, 언어적 폭력, 따돌림 등이 대부분을 차지했지만, 코로나19로 인한 원격수업 장기화로 모든 학생이 인터넷에 접속하는 시간이 증가함에 따라 덩달아 사이버 학교폭력도 증가하고 있는 것이다. 문제는 사이버 학교폭력은 시·공간의 제약이 없어 24시간 발생할 수 있다는 점이다. 또 가해자는 장난이나 호기심으로 접근하지만, 피해자가 감내해야 하는 고통을 가해자가 알 수 없어 더욱 피해자에게 상처를 주게 된다.

또한 사이버 학교폭력은 점점 교묘하고 은둔하는 모양새를 보인다. 때문에 부모나 교사 등 어른들이 알아채기 힘들고, 상황이 악화되기 전에 미리 해결하기도 어렵다. 그래서 대부분 사이버 학교폭력 사안의 경우 보호자가 뒤늦게 인지하는 경우가 많다. 상황이 극으로 치달아 학교폭력으로 처리되고 보호자 의견서를 작성하는 상황에 이르러서야 자녀의 학교폭력 연루 사실을 인지하고 괴로워한다.

이제 코로나19는 교육 현장의 일상이 되어 버렸고, 앞으로 사이버 학교폭력은 보다 다양한 양상으로 증가할 것으로 보인다. 사이버상에서 이뤄지는 학교폭력에 관한 연구와 예방을 위한 프로그램을 개발하고, 사이버 학교폭력이 발생하는 공간에 대한 규제도 필요하다.

익명성을 가장하여 교묘하게 독버섯처럼 기승을 부리는 폭력의 그늘에서 학생들을 구출해야 한다. 언제까지 학생들 탓만 할 것인가. 어른들이 물음에 답해야 할 것이다.

언어순화만으로도 폭력의 위험을 줄일 수 있다

일상생활 속에서 아무렇지 않게 사용하는 욕, 말하는 동시에 가장 먼저 듣고 쓰는 동시에 가장 먼저 보며, 스스로 자신의 뇌에 상처를 입히는 사람들이 증가하고 있다.

'정보의 발견'의 자료에 따르면, 욕을 하는 이유로 습관적으로(25.7%), 남들도 하니까(18.2%), 스트레스를 풀기 위해(17%), 남들이 만만하게 볼까봐(8.2%), 누군가를 무시하거나 비웃기 위해(4.6%) 등으로 나타났다.

2018년 8월 28일 교육부가 발표한 「2018년 1차 학교폭력 실태조사」에 따르면, 전국 초·중·고(초4~고3) 학생들의 '학교폭력 경험 및 인식'에서 피해유형별로 학생 천 명당 피해응답 건수는 언어폭력(8.7건), 집단따돌림(4.3건), 스토킹(3.0건) 등의 순으로 나타났으며, 유형별 비율은 언어폭력(34.7%), 집단따돌림(17.2%), 스토킹(11.8%) 등의 순이며, 학교급별 공통으로 언어폭력, 집단따돌림이 큰 비중을 차지했다. 학교폭력 실태조사 결과 언어폭력이 34.7%로 가장 높은 피해유형으로 파악되었으며, 언어폭력이 학교폭력과 연계되어 발생하는 것은 문제점으로 지적되고 있어서 대책마련이 절실하다고 볼 수 있다.

욕에 관한 흥미로운 실험 결과가 있다. 실험 참가자들에게 총 12개의 단어를 제시하고 잘 듣고 기억나는 단어를 말하게 했는데, 제시되는 단어에는 긍정단어, 부정단어, 금기어(욕), 중립단어로 주어졌다.(자유, 청춘, 이기다, 퇴화하다, 잔인함, 우울, ○같다, ○발, 지○하다, 항만, 주변, 걸다) 총 12개의 단어 중 어떤 단어를 기억하는지 질문을 던졌는데, 대부분의 실험 참가자들이 "단어를 잘 기억하려고 하다가 욕이 나오는 순간 앞 단어가 잊혔다"라고 답했다. '욕'은 다른 단어들보다 4배나 강하게 기억되며, 분노, 공포 등을 느끼게 하는 '감정의 뇌'를 강하게 자극하며 '이성의 뇌'의 활동을 막는다. 화를 내고 욕을 할 때 만들어지는 갈색의 침전물을 모아 쥐에게 주사했더니 쥐가 죽었다고 한다.

이처럼, 욕은 인간의 뇌를 자극하고, 해로운 영향을 끼친다. 그렇다고 일선 학교에서 욕하는 학생들을 방관하고 있을 수만은 없는 노릇이다. 잘못하면 학교폭력으로 연결되기 때문이다.

무엇보다 학생과 교사 모두의 언어순화교육이 필요하다. 학생들은 부모와 교사의 언어를 듣고, 쓰고, 보고, 느끼면서 생활을 하게 되는데, 교사가 사용하는 언어에 따라 학생들의 욕설을 해소할 수 있다.

언어폭력을 예방하는 스마트한 지도방법도 필요하다. 시대가 변해 스마트폰의 보급으로 학생들은 실시간으로 이야기를 주고받는 모바일 메신저를 통해 욕설을 사용하고 있다. 학교는 학생들이 실시간으로 주고받는 문자나 통화내용이 언어폭력으로 이어지지 않도록 인지하고 대처해야 한다.

부모의 가정교육(밥상머리교육)이 학생의 건전한 언어사용에 걸림돌이 될 수도 있다. 부모가 욕을 사용하면 자녀도 욕을 사용하게 된다는 연구 결과가 있다. 자녀의 올바른 언어습관을 위해 부모는 순화된 말과 언어를 사용해야 한다.

또한, 학교는 학생 체험 위주의 언어순화 운동과 캠페인을 지속적으로 전개해야 한다. 학생이 스스로 실천하고 행동하는 교육이 진정한 교육이기 때문이다. 선플달기운동본부에서 실시한 언어순화 설문조사에서도 응답자의 50%이상이 본인의 언어순화와 학교폭력 감소에 효과가 있다고 밝혔다.

학교폭력의 시발점은 올바르지 못한 언어 사용에서 비롯된다. 언어폭력을 해소하는 언어순화교육은 학교현장에서 정착되고 촉진되어야 할 인성교육이다.

학부모가 알아야 할 사이버 폭력 예방

대부분의 학부모는 자녀가 사이버 폭력 피해자나 가해자가 된 것을 나중에 알고 힘들어한다. 그렇다면 미리 예방할 수 있는 방법은 없을까? 최근, 급증하는 사이버 폭력의 유형을 알아 두고, 자녀가 자신도 모르게 그러한 일에 연루되지 않도록 사전에 예방 교육을 하면 조금이나마 피해를 줄일 수 있을 것이다.

1. 사이버 언어폭력

카톡이나 페이스북메신저, 페이스북에 특정한 학생에 대해서 욕을 하거나 인신공격, 명예훼손 등을 하는 행위로, 학폭으로 신고되어 가해자 조치를 받게 된다.

이를 예방하기 위해선 인터넷 공간에서 남을 비방하거나, 욕을 하는 행위, 잘못된 정보, 사실인 정보 등을 올리는 행위는 사이버 폭력으로 처벌받을 수 있음을 교육해야 한다.

또, 다른 친구들에게 뒷담화, 앞담화를 하지 않도록 미리 주의시켜야 한다.

남학생들은 게임을 하면서도 욕을 많이 하게 된다. 상대가 별것 아닌 것으로 넘어가 준다면 다행이지만, 그런 욕을 받아들이지 못하면 사이버 언어폭력으로 신고되어 가해자가 될 수 있다.

2. 사이버 성폭력, 사이버 성희롱, 사이버 언어성희롱

사이버 공간에서 특정한 학생에 대해 얼굴을 품평하는 행위, 얼굴을 '딥페이크' 기술로 불법사진이나 영상물을 유포하는 행위, 특정한 학생의 사진을 올리고 욕을 하는 행위 등은 학폭 가해자로 처벌을 받는다.

최근 성관련 사안의 경우 가해자는 높은 수위의 조치를 받는다는 사실을 아이들에게 충분히 인지시키고, 이러한 행위를 하지 않도록 주의를 주어야 한다.

3. 딥페이크, 사이버 갈취, 불법촬영물 등

• 딥페이크

딥페이크는 깊은 속임수의 합성어이다. 신기술인 인공지능을 활용해 기존 사람의 얼굴이나 특정한 부위를 다른 사람의 사진이나 영상물에 합성하여 사실인 것처럼 만드는 편집 기술을 말한다.

최근 유명인들의 얼굴을 이용하여 실제로 하지 않은 말이나 행동을 한 것처럼 악의적으로 편집한 영상 또는 음란한 영상과 같은 불법 합성물을 만들어 악용하는 사례가 증가하고 있다. 이런 딥페이크를 기술을 이용한 불법 합성물을 제작하여 유포하는 행위는 관련법에 따라 처벌받을 수 있다.

문제는 이런 딥페이크 기술을 이용하는 피의자중 87%가 10대와 20대인 것으로 나타났다는 점이다. 청소년들이 장난으로 시작한 딥페이크 영상 제작이 장난에 그치지 않고 심각한 범죄가 된다는 사실을 알아야 한다. 이는 성폭력범죄의 처벌 등에 관한 특례법 14조의2(허위영상물 등의 반포 등)제1항, 형법 제311조(모욕)에 해당된다.

• 사이버 갈취

sns계정, 전화번호 등 개인정보를 갈취하는 행위를 사이버 갈취라고 한다. 사이버 머니, 게임 아이디나 아이템 등 사이버 상의 금품을 갈취하는 형태의 괴롭힘 행위로 형법 제350조(공갈)에 해당된다.

• 불법촬영물

드론 몰카 등이 해당된다. 촬영 대상자의 의사와 상관없이 사람의 신체를 촬영하거나 유포하는 성적 욕망 또는 수치심을 유발하는 행위이다. 이는 성폭력범죄의 처벌 등에 관한 특례법 제14조(카메라 등을 이용한 촬영)제1항, 제2항에 해당된다.

학생들이 이러한 범죄 행위는 하면 학교폭력예방법에 따라 학폭 가해자 조치를 받을 수 있다.

청소년 관점에서의 성폭력 예방교육

경찰이 최근 3년간 학교폭력 유형을 분석한 결과, 물리적 폭행은 감소 추세인 반면 강제추행이나 카메라 등을 이용한 촬영죄 등 성범죄 유형은 증가하는 추세로 나타났다. 학교폭력 유형 비중을 보면 폭행·상해의 경우 2017년 71.7%에서 2018년 59.4%, 2019년 55.1% 등으로 감소 추세를 보였지만, 성폭력은 2017년 12.1%, 2018년 18.9%, 2019년 22.5% 등 해마다 비중이 커졌다.

또한 사이버 공간에서 진행되는 성폭력은 다양한 유형으로 변질되고 있는 추세이다. 익명이 보장된 앱을 통해 악성 댓글이나 사진을 버젓이 올리는 행위, 합성된 사진을 SNS에 올리는 행위, 사이버 언어 성희롱을 하는 행위, 단체 대화방에서 인물 품평회를 하는 행위 등 수많은 성폭력이 자행되고 있다. 학교폭력의 유형인 성폭력은 이렇게 빠르게 증가하는 추세지만, 이를 예방하는 성인지 교육, 성감수성 교육은 아직도 제자리걸음 수준이다. 코로나19로 인해 등교수업이 저조하다 보니 비대면 성폭력 예방교육으로 의무교육 시간을 채우는 경우도 많았다. 교육 내용의 현실성도 꼼꼼히 살펴야 할 것이다. 청소년들은 어른들이 생각하는 수준 이상의 성에 대한 생각을 지니고 있는데 형식적인 성폭력 예방교육만으로는 제대로 된 교육이 이뤄질 수 없다. 효율적인 성인지 감수성을 올릴 수 있는 예방교육이 어느 때보다 절실하다.

4부
학부모와 교사가
꼭 알아야 할
학교폭력 Q&A

교육청 학교폭력 담당 장학사로서, 또 학폭전담경찰관으로서
현장에서 가장 많이 받은 질문과 그 답을 담았다. 학생들이
처한 상황이 모두 같지 않으므로 반드시 정답이라 할 수는
없겠지만, 해결의 방향을 잡는 데 도움이 될 수 있을 것이다.

Q.1
학교폭력 가해자의 인적사항을 알려 주세요

학교폭력 피해를 당했으나 가해자의 인적사항을 모르는 경우가 있을 수 있다. 예를 들면 모르는 학생들에게 자녀나 자기 학교 학생이 폭행을 당한 경우이다. 피해자는 경찰에 신고할 것이고 경찰은 수사를 통해 가해학생들을 검거할 것이다.

피해자나 학부모, 학교에서는 가해학생에 대해 조사하는 과정에서 가해자가 맞는지 피해자 확인 절차를 통해 자연스럽게 알게 되는 경우가 대부분이다. 그러나 모르는 사람에 의한 성폭력 범죄의 경우 특히, 모르는 사람으로부터 신체 접촉에 의한 성추행을 당하거나 불법 카메라 촬영을 당했을 경우 가해자를 모르는 경우가 생긴다. 자기가 불법 촬영의 대상이 되었는지도 모르는 피해자가 있기도 하지만, 피해자가 불법 카메라 촬영의 대상이 되어 신고한 경우도 경찰에서는 가해자 인적사항을 알려 주지 않는 경우가 발생할 수 있다.

예를 들면, 화장실 옆 칸에서 카메라로 불법 촬영을 하다가 도주한 학생이 있다고 하자. 경찰은 피해자 신고를 받고 가해자를 검거했다. 그러나 범인을 체포하였다고 바로 가해자 정보를 피해자에게 알려 주지 않는다. 법은 피의자의 인권 또한 보장해야 하기 때문이다. 헌법상 모든 피의자는 '무죄 추정의 원칙'에 의해 보호받는다.

경찰에서 조사가 마무리되고 재판을 거쳐 유죄판결이 나온 이후에야 가해자 인적사항을 수사기관이나 사법기관에 요청하여 받을 수 있다. 만약 가해자가 누구인지 모른 채 당한 학교폭력이라면, 피해자는 이 모든 단계를 지난 이후에 가해자 정보를 받아 학폭 절차를 진행해야 한다는 점에서 선뜻 수긍이 가지 않는다.

물론 일반 학교폭력의 경우 대부분 주변의 인물을 통해 벌어지기 때문에 가해자를 몰라 학폭위 절차 진행에 방해받는 경우는 극히 드물기는 하다.

학교폭력예방법은 학교의 장 등 관계기관에서 경찰에 학교폭력 관련 개인정보를 요청할 시 특별한 사정이 없으면 응하도록 규정하고 있다.

학교폭력예방법 제11조의3(관계기관과의 협조 등)

① 교육부장관, 교육감, 지역 교육장, 학교의 장은 학교폭력과 관련한 개인

정보 등을 경찰청장, 지방경찰청장, 관할 경찰서장 및 관계기관의 장에게

요청할 수 있다.

② 제1항에 따라 정보제공을 요청받은 경찰청장, 지방경찰청장, 관할 경찰서장

및 관계기관의 장은 특별한 사정이 없으면 이에 응하여야 한다.

학교폭력예방법 제12조(학교폭력대책심의위원회의 설치·기능)

③ 심의위원회는 해당 지역에서 발생한 학교폭력에 대하여 조사할 수 있고

학교장 및 관할 경찰서장에게 관련 자료를 요청할 수 있다.

그렇다면 위 학교폭력예방법을 근거로 학교에 알려 줄 수 있는 범위
는 어디까지일까? 학교폭력예방법과 개인정보보호법의 입법 취지를 고
려할 때 사건 개요, 가해학생(또는 피해학생) 인적사항 등 가해학생 선도
및 피해학생 보호 등에 필요한 내용으로 한정하고 있다. 또한, 학교폭력
예방법은 기관 간 문서로 요청하고 회신하도록 하고 있다.

앞서 언급한 바와 같이 성 관련 학교폭력의 가해자가 누구인지 모를
경우 경찰에서 가해자를 검거한 후 피해자 측이나 학교에서 가해학생에
대한 개인정보를 요구할 경우 어떻게 해야 할까? 학교폭력예방법은 청
소년성보호법 및 성폭력처벌법상 '비밀 누설 금지 규정'을 우선 적용하
고, 피해학생 학교에는 통보하지 않도록 규정하고 있다.

학교폭력예방법 제5조(다른 법률과의 관계)

② 제2조 제1호 중 성폭력은 다른 법률에 규정이 있는 경우에는 이 법을 적

용하지 아니한다.

아동 · 청소년의 성 보호에 관한 법률 제31조(비밀 누설 금지)

① 아동 · 청소년대상 성범죄의 수사 또는 재판을 담당하거나 이에 관여하는

공무원은… 인적사항이나 사진 등 또는 그 아동 · 청소년의 사생활에 관한

비밀을 공개하거나 타인에게 누설하여서는 아니된다.

성폭력범죄의 처벌 등에 관한 특례법 제24조

(피의자의 신원과 사생활 비밀 누설 금지)

① 성폭력범죄의 수사 또는 재판을 담당하거나 이에 관여하는 공무원은…

인적사항과 사진 등 또는 그 피해자의 사생활에 관한 비밀을 공개하거나

다른 사람에게 누설하여서는 아니된다.

위에서 살펴보았듯이 성 관련 학교폭력 사안의 경우 학교폭력예방법
은 적용하지 아니하도록 규정하고 있다. 따라서 청소년성보호법 및 성
폭력처벌법의 규정을 우선 적용하게 된다.

관련법에는 가해학생의 인적사항을 학교에 통보하는 것을 제한하거

나 금지하는 명시적 규정은 없다. 물론 가해학생에 대한 개인정보를 일정한 경우 제공할 수 있다는 정도의 규정도 없다.

경찰 등 수사기관의 입장에서는 헌법상 권리인 무죄 추정의 원칙과 정보공개법 상 비공개 사유를 들어 수사 중이거나 재판이 진행 중인 사건에 대한 피의자 인적사항에 대해 공개를 거부하는 것 또한 법에 근거한 합당한 사유이고 보면 아쉬움이 남는다.

학교폭력예방법에 학교폭력 사안 발생 시 학교폭력 심의 절차를 진행하도록 규정을 둔 이상, 가해자가 특정되지 않은 성 관련 사건에서 가해자가 검거되고 혐의가 인정되었다면 곧바로 심의 절차가 진행될 수 있게 가해자에 대한 인적사항과 행위 사실에 대해 통보할 수 있도록 명시적인 규정이 필요해 보인다.

Q.2
제 아이가 맞았는데,
CCTV 볼 수 있게 해 주세요

"제 아이가 아파트 놀이터에서 폭행을 당했는데, CCTV를 경찰에서 확보해 주세요."

요즘은 CCTV 설치가 잘 되어 있어서 학폭 절차에서도 CCTV를 확보해 보여 달라는 학부모님들 요구가 종종 있다.

결론부터 이야기하면 학교폭력 심의에서 CCTV 영상이 증거자료로 사용되는 사례는 거의 없다. 여러 가지 이유가 있겠지만 요즘은 개인정보보호에 대한 국민들의 인식이 높아져서 CCTV 영상을 공적이든 사적이든 함부로 제공하지 않기 때문이다.

학교 내에 설치된 CCTV에 녹화된 영상에 대해서도 개인정보보호법의 적용을 받으며 공개하기 위해서는 구성원들의 동의나 녹화된 인물들의 모자이크 처리 등 보호조치가 필요하다. 보다 현실적인 이유는 대다수 학교폭력의 경우 학교 사안 조사에서 가해와 피해 사실이 명확히 조사되는 경우가 대부분이기 때문에 굳이 CCTV 영상까지 제시하고 다툴 가치가 없는 경우가 많다.

또 한 가지 중요한 사실은, 피해자와 다투고 있는 가해자도 CCTV에 등장하는 인물로서 동의의 상대방이 된다는 점이다. 학교에서도 피해자 측이 CCTV 녹화영상을 요구하는 경우 절차를 준수하겠지만, 가해자 측에도 영상 제출에 동의하는지 반드시 물어야 한다.

현재 공원이나 놀이터, 주택가 등에 설치된 방범 CCTV의 관리 주체는 지자체이며 소위 '관제센터'라는 시설을 갖추고 모니터링하고 있다. 경찰도 범죄 수사, 실종 수사 등 치안 목적을 위해서만 열람하고 있으므로 학교폭력 관련하여 개인이 공적인 CCTV를 열람하는 것은 불가능하다.

다만, 학교폭력 사건에서 형사 절차를 진행하게 되는 경우 증명을 위해 관련 CCTV 영상을 확보하여 폭행의 증거로 사용하기도 한다. 하지만 이 경우에도 가·피해자에게 영상을 제공하지는 않는다. 이 CCTV 영상은 수사 목적상 경찰이 수집한 증거이므로 행정처분이나 사적 용도로 제공하지 않는다.

덧붙여, 보통 CCTV를 열람하는 경우 가·피해자 간 갈등은 더욱 심해진다. 가해자는 피해자의 잘못을 보게 되고 피해자 측은 경중을 떠나 폭행을 당하고 있는 모습을 보게 되면 흥분할 수밖에 없기 때문이다.

학교에 설치된 CCTV 녹화영상도 정보공개법 제9조 제1항 제6호가 정하고 있는 '공개될 경우 개인의 사생활의 비밀 또는 자유를 침해할 우려가 있다고 인정되는 정보'에 해당할 수 있다.

설령 공개하려고 하는 경우도 CCTV 영상에 등장하는 학생들과 보호자의 동의를 받는다는 것은 불가능할 것이다. 「정보공개법」 제11조 제3항은 공개 청구된 공개 대상 정보의 전부 또는 일부가 제3자와 관련이 있다고 인정할 때에는 그 사실을 제3자에게 지체 없이 통지하도록 하고 있고 제3자는 비공개요청 등 권리를 행사할 수 있다.

개인이나 공공주택 등에서 범죄 예방을 위해서 설치한 CCTV 녹화영상은 학부모가 요청해도 개인정보보호를 이유로 공개하지 않을 것이다. 마찬가지로 학교에 설치된 CCTV 녹화영상 자료도 학부모가 공개 요청을 해도 공개할 의무는 없다.

Q.3
가해자를 강제 전학 보내 주세요

자녀가 학교폭력을 당하고 있다는 걸 알게 되었을 때 부모로서 느끼는 감정은 이루 말로 표현할 수 없을 것이다.

"저는 전학을 요구합니다. 무조건 분리시켜 주세요."

일부 학부모는 학교폭력 상황에 직면하면 전학을 요구하며, 그 뜻을 관철시키기 위해 노력한다. 때로 과하다 싶을 정도의 적극성을 발휘하여 학교와 교육청, 경찰 등 관계기관에 민원성 주장을 펼치는 경우가 종종 있다.

하지만 그렇게 한다고 해서 피해자 측의 주장대로 처분이 내려진다면 학교폭력 심의기구의 존재 의미를 잃게 될 것이다.

물론 처음부터 전학 처분이 심도 있게 고려되는 경우도 있다. 예를 들면 성 관련 학교폭력인 경우에 유형과 사안의 경중에 따라 교육 당국도 적극적으로 분리조치 검토를 한다. 적절한 분리조치가 이루어지지 않을 경우 2차 피해는 불 보듯 빤하기 때문이다.

학부모들이 학교폭력 처분에 대해 신뢰하지 못하는 이유 중 하나는 2020년 이전 학폭위의 비전문성에 대한 사회 전반적 인식도 한몫하고 있다. 학부모들의 불안감은 처분이 적절한지, 응당한 처분인지 비교 기준이 없을 때 더 커진다.

처분에 대한 적절성을 생각할 때는 학교폭력예방법의 입법 취지를 우선 이해할 필요가 있다. 학교폭력예방법은 피해학생을 보호하고 가해학생을 선도하기 위한 교육적 차원의 처분을 하도록 하고 있다. 징벌적 처벌은 형사 절차를 통해서도 얼마든지 가능하기 때문이다.

학폭 처분은 학교폭력예방법의 입법 취지를 구현하고, 학폭 심의의 전문성을 바탕으로 처분의 신뢰성을 높이기 위해 2020년부터 교육청에서 심의를 주관하고 있다. 심의기구에는 학교폭력 전담 장학사가 배치되어 발생 신고, 접수 단계부터 학교와 협조하여 정보를 공유하고 사안을 파악하여 적절한 처분이 내려지도록 노력하고 있다.

학교폭력 전담 장학사가 배치된 이후 가장 두드러진 변화는 학폭 심의의 절차적 요건을 준수하고 처분의 형평성을 갖추어 가고 있다는 점이다.

교육청 학폭 심의가 시행된 지 2년이 지났고, 그동안의 학폭 사안에

대한 처분 선례가 구축되고 있다. 이러한 선례는 학폭 처분의 일정한 틀
을 제공함으로써 학부모나 관련자에게는 학폭 처분을 신뢰하는 바탕이
될 것이다.

Q.4
학교폭력 가해자와 같은 학교에 배정되었어요

학교폭력 가해자와 피해자가 같은 학교에 진학하는 경우가 종종 있다. 관계 회복이 되지 않는 피해자는 상급 학교에 진학해서 또 가해학생들과 지내야 한다는 사실에 절망하게 된다. 특히 단체로 따돌림했던 친구들이 그대로 함께 상급 학교에 진학하게 되는 경우나 성폭력 사안 가해자와 피해자가 같이 상급 학교에 진학하게 되는 경우 충격은 더욱 클 것이다. 학생의 주소지가 속한 학군이나 학구 내에서 학교 배정이 이루어지기 때문에 같은 상급 학교에 진학할 가능성이 높다.

그런데 학교폭력예방법은 '전학' 처분을 받은 경우만 피해자와 가해자의 학교를 강제분리하도록(상급 학교 진학 시에도 분리 배정함) 규정하고 있어 이 부분은 문제의 소지가 있다.

부득이 학교폭력 가해학생과 피해학생이 같은 상급 학교에 배정되는 상황이 되었다면, 같은 반에 배치되는 상황을 방지해야 한다. 피해학생이나 학부모는 가해학생과 같은 반에 배치되지 않도록 학교 측에 도움을 요청할 수 있다. 반 배정 시기를 놓쳤을 경우 학기 중에 임의로 반 분리 요구를 할 수 없으므로, 미리 학교에 연락하여 상의를 해 둘 필요가 있다.

〈학교 및 반 배정 방법〉

구분	일반배정	강제배정
학교 배정	– 방법: 초교는 근거리, 중고교는 지망 순위 – 근거: 초중등교육법시행령 제66조~94조(입학 등)	– 방법: 학폭법상 '전학'만 피해자와 분리배정 – 근거: 학폭법시행령 제20조④항 '…전학 된 경우 다른 학교 배정한다.'
반배정	– 학교자율(반 편성 고사 또는 성적 기준 등)	없음

보통 연말, 연초에 상급 학교 배정이 공고되므로 조금만 관심을 가지면 가해학생이 피해학생과 같은 상급학교에 배정되었는지 확인할 수 있다. 반 편성 시기는 통상 2월 중순이면 마무리되기 때문에 그 전에 학교에 이야기해야 한다. 학교에서는 상급학교 진학 전 학교폭력 사안을 상급 학교에 통보하지 않고 정보를 공유하지도 않는다. 법적인 근거도 없을뿐더러 진학하는 상급 학교에 과거의 학폭 사안을 통보하는 것은 학생들의 교육권을 침해하고 자칫 선입견을 줄 수 있기 때문이다.

한 가지 더 우려스러운 점은 성 관련 사안의 경우도 '전학 처분'을 받지 않은 경우 가해자와 피해자가 같은 상급학교에 배정될 수 있다는 점이다. 실제로 사안의 경중에 따라 전학 처분이 안 나오는 경우가 훨씬 많다. 그러나 성 관련 사안은 피해자의 2차 피해 예방이 중요한 문제라 조금 더 적극적으로 분리 조치를 할 필요가 있다고 판단된다.

성 관련 학폭 사건이 가볍지 않은 사안임에도 가해자가 다른 학교에 다니고 있다는 이유로 분리조치가 필요 없다고 생각하고 '전학 처분'을 처음부터 고려하지 않는 경우도 있다. 만약 이 학생들이 같은 상급 학교 진학 시 같은 학군 내에 있다면, 같은 학교에 배정받을 수 있는 것이다.

따라서 성 관련 사안의 경우 학교폭력 심의에서는 학교가 다르다고 하더라도 사안의 경중을 따져 '전학 처분'을 심도 있게 검토해야 한다. 그리고 강제 분리 조치에서 제외되는 성 관련 학교폭력 가해자, 피해자에 대해서도 학교폭력예방법상 학교 분리 방안 마련이 필요하다.

학교폭력 가해자와 피해자가 같은 학교에 배정될 경우 현재 취할 수 있는 가장 현실적인 방법은 관련 학생과 학부모가 적극적으로 반 분리 배정을 위해 학교에 도움을 요청하거나, 심각한 경우는 전학을 고려해 볼 수 있다.

청소년성보호법 제34조에 따라 학교의 종사자는 아동 · 청소년 대상 성범죄 발생 사실을 알게 된 때에 즉시 수사기관에 신고할 의무가 있다.

그런데 가해자 측에서 학폭위 미개최를 조건으로 자진 전학을 가겠다고 하면 학교는 어떻게 처리하는 것이 타당할까? 피해학생은 가해자 측의 요구에 동의하는 것이 맞을까? 언론에 보도되었던 한 사례를 보자.

초등학교 5학년인 A 남학생은 놀이터에서 동급생인 B 여학생의 신체를 만지는 등 성추행을 했다. 이 사실을 알게 된 B 여학생의 부모는 학교에 곧바로 신고했다. 가해자인 A 학생의 부모는 잘못을 인정하고 사과했다. 그러면서 가해학생이 자진 전학 가는 조건으로 학폭위는 개최하지 말아 달라고 학교와 피해 학부모에게 사정하였다. 피해자인 B 학생의 부모는 자식을 키우는 부모 입장에서 상황을 이해하고 철저한 분리와 재접촉하지 않을 것을 약속받고 학폭위 미개최 동의서에 서명하였습니다.

그런데 2년 후, 가해학생과 피해학생이 같은 중학교에 배정되었다는 사실을 뒤늦게 알고 피해학생의 부모는 교육 당국에 항의를 했다.

사건 당시 보호자들의 합의가 있었고, 학폭위 미개최 동의서도 작성한 바 있다. 학교는 전학을 조건으로 사안을 마무리하였다. 잘 마무리된 것으로 알았는데 피해자와 가해자가 같은 중학교에 진학함으로써 다시 문제가 불거진 것이다. 이는 당시 학폭 심의를 하지 않았기 때문에, 학교 배정 과정에서 관련 학생들이 분리될 수 있는 기회를 갖지 못한 것이다. 만약 학폭 심의를 통해 '전학 처분'을 받았다면 관련 학생들은 당연히 상급 학교 진학 시 강제 분리되었을 것이다.

또한, 전학 이외의 처분을 받았다 하더라도 교육청과 일선 학교는 정보 교류를 통해 학교가 분리될 수 있는 조치가 가능하였을 것이다.

학부모나 학생은 성 관련 사안으로 학교생활기록부에 기재되는 것을 원치 않기 때문에 가해자 측에서는 '학폭 미개최 조건부 가해자 전학'을 요구하는 경우가 많다. 사안이 경미하고 관련 당사자 간에 합의가 되었다며 피해자 측에서 전학 조건부 학폭위 미개최를 요구할 경우 학교의 고민은 더 깊을 것이다. 그러나 성 관련 사안에서는 원칙과 절차에 따라 사안을 진행하고 처리의 결과를 명확히 하는 것이 혹시 있을지 모를 나중의 일을 예방할 수 있는 방법이다.

Q.6
학교에 보내지 않을 생각이라고요?

"우리 아이는 학교에 보내지 않을 겁니다. 괴롭힌 아이가 같은 반에 있는데 어떻게 학교에 보내요?"

학폭 사건이 발생하여 가해학생 쪽에서 피해학생에게 사과를 했지만 아이들 입장에선 자신을 힘들게 했던 친구가 여전히 같은 반에 있다면 심리적으로 힘들 것이다. 무섭다고 하는 아이를 달래 학교에 보내야 하는 부모의 마음은 아이보다 더 힘들지 모른다. 때로 학폭 심의가 진행 중인데도 자녀를 보호하기 위해 학교에 보내지 않고 가해학생을 전학 조치해 줄 것을 요구하는 경우도 있다.

학교에서는 피해자 보호조치를 통해 출석 인정을 해 주기도 하고 현장학습, 병결 처리 등으로 피해자의 상황을 최대한 고려해 주기도 하지만, 결석 기간이 길어지면 한계가 따르게 마련이다.

물론 학폭 발생 초기 자녀의 불안한 상태를 추스르고 사안을 파악하기 위해 긴급조치나 관련 학생 분리조치는 필요하다. 그러나 학폭 심의에서는 관련 학생의 무조건적인 분리를 보장하지는 않는다. 분리 조치에는 퇴학, 전학도 있고 반 분리도 있다. 퇴학이나 전학 처분은 무거운 처분으로 일반적인 사안에서 내려지는 경우는 드물다.

그런데 반 분리 조치는 현실적으로 실효가 없다는 것이 교사들의 지배적 의견이다. 반 분리가 되어도 학교에서 통합수업, 화장실 이용, 식사시간 등 마주할 기회는 얼마든지 많기 때문이다. 반 분리라고 하면 거리적 개념도 빼 놓을 수 없는데 일반 학교의 경우 층별로 학년을 구분하여 편성하고 고교의 경우 문과, 이과로 나뉘기 때문에 반의 선택 폭도 넓지 않은 것이 현실이다.

학교폭력을 경험한 학생의 보호자들 중에는 그 이후 학교가 불안하다고 느껴 학교에 보내지 않는 방법을 찾으려고 애쓰기도 한다. 그러나 결론적으로 말하면, 아이를 위해 학교는 보내야 한다.

학교에 보내서 불안한 것보다 보내지 않음으로써 받는 손해가 훨씬 크기 때문이다. 이유를 불문하고 학교에 보내지 않는 그 순간부터 자녀에 대한 교육과 관리, 교우관계 등 그동안 학교에 일임했던 모든 수고를 오직 보호자가 부담해야 한다. 무엇보다 학교에는 친구가 있고 거기서 학습과 사회적 교육, 인성교육이 모두 이루어지기 때문이다.

특히 초등학생들의 경우 학부모의 의견에 동화되고 정서적으로 공감하여 스스로 심각한 학교폭력의 피해자라는 잘못된 인식을 갖게 될 가능성도 있다. 학교에 장기간 결석하게 될 경우 학교생활에 새롭게 적응해야 하고 학교생활과 교우관계 단절 등으로 또다른 어려움이 생길 수 있다. 또한 학생들이나 학부모들 사이에 부모가 학교에 보내지 않는다는 부정적 소문이나 외부 눈총으로 학부모와 학생이 힘든 상황에 처하는 경우도 보았다. 물론 교육적 방임으로 아동학대에 적용되어 법적 처벌을 받을 가능성도 있다.

학폭 사안에 대한 처분은 징벌적 처분이라기보다 피해학생을 보호하고 가해학생을 교육적 차원에서 지도하기 위한 목적을 갖고 있다는 점을 인식해야 한다. 원하는 처분을 기대하고 학생을 학교에 보내지 않거나, 과잉 피해를 주장하는 경우 또는 가해 행위에 대해 정당한 방어권 이상으로 피해자에게 책임을 지우려는 태도는 자녀들의 교육을 위해 바람직하지 않다. 학생들은 처분 이후에도 학교에서 교육받아야 하고 공동체 생활 속에서 다양한 상황에 노출되고 스스로 해결하면서 건전한 인격체로 거듭날 것이기 때문이다.

Q.7
성인을 만나는 청소년들

"조건 만남으로 성매매를 하는 학생이 있는데 어떻게 해야 할까요? 학생도 처벌하나요?"

이는 학교에서 자주 받는 질문이다. 성매매나 성인교제를 하는 학생들의 상당수는 Wee센터 상담을 통해 경찰에 연계된다. 청소년들은 기성세대보다 상담을 자연스럽게 받아들이고 자기의 고민을 털어놓는 데 익숙한 것 같다. 가상 사례를 하나 들어 보자.

고등학교 여학생인 A는 성인을 만나고 있었지만 금품이 전제되지는 않았다. 돈을 받지 않은 적이 많았고 받았다 하더라도 1~2만원의 택시비 수준이었다. SNS로 알게되었고, 카톡으로 연락을 주고받았다.

여학생 A의 부모는 인지능력에 장애가 있었고, 여학생 A는 경계성 장애가 있어 주변에 친구가 없었다. 여자 친구도 없고 당연히 남자 친구도 없다. 다만 SNS를 통해 연락이 오면 만나는 관계를 유지하고 있었다.

성인을 만나는 친구들의 두드러진 특징은 주변에 같이 놀고 대화하고 마음을 털어놓을 친구가 없는 경우가 많다. 경제적 빈곤으로 인해 용돈벌이로 성매매를 하는 친구들도 있지만 반드시 그렇지만은 않다. 친구 관계가 형성되지 않은 여학생의 경우 SNS에서는 관심을 받고 존재감을 갖는 것으로 보인다. 성인을 만나는 여학생들 중 지적 능력이 경계선에 있는 친구들도 종종 만날 수 있다.

성인과 교제하거나 성매매를 하는 청소년들의 대부분은 앱이나 SNS를 통해서 성인들과 만나고 있다. 성매매 등 불건전 이성 교제를 하는 학생들의 특징은 핸드폰을 두 개를 사용하는 경우가 많다는 점이다. 하나는 개인 핸드폰이고 하나는 유심칩만 넣어 와이파이를 이용해 SNS를 할 수 있는 소위 '공기계' 또는 '공폰'이다. 만약 학생이 핸드폰 두 대를 쓰고 있다면 의심해 봐야 한다. 성매매를 한다는 학생이 핸드폰 두 대를 쓰고 있다면 성매매가 영업적일 수 있고 지배관계에서 종속되어 있을 가능성이 높다. 성매매를 영업적으로 하는 경우 비밀 유지를 위해 등록되지 않은 공기계 핸드폰을 쓰기도 한다.

아동·청소년 성매수자와 성매매를 하도록 시킨 사람은 당연히 처벌받는다. 성매매를 하는 학생이 범죄자인지는 개념 정의가 확실하지 않왔고 비행청소년, 문제아 정도로 인식되어 왔다.

그러나 2020년 청소년성보호법은 성매매 청소년을 '성매매 피해 아동·청소년'으로 규정하여 피해자로 개념을 정의했다. 성매매 청소년은 피해자로서 시·군·구청에 통보하도록 하고 있다. 지자체에 통보하는 이유는 지자체를 통해 청소년을 보호, 지원하고 상담 프로그램에 연계하기 위해서이다.

Q.8
가해학생을 직접 찾아가 훈계해도 될까?

학교폭력이 발생하면 사안 처리를 위해 학부모가 개입될 수밖에 없다. 학부모의 개입은 아주 유용하게 작용할 수 있다. 변호인을 선임하기도 하고 부모가 사안 조사를 위해 증거를 수집하기도 한다. 특히 피해자 치료 지원과 화해를 위해 학부모끼리 접촉하는 등 신경 써야 할 일이 많다.

그런데 성급한 학부모들 중에는 가해학생을 직접 찾아가서 훈계하는 경우도 종종 있다. 이 과정에서 가벼운 신체 접촉이 일어나기도 한다. 학생들이 고분고분하지 않은 경우도 있다 보니 욕설이 나오기도 한다. 관련 사례를 살펴보자.

1. "과도한 훈계는 정서적 학대 행위"

40대 여성 A씨는 아홉 살 아이가 자신의 자녀에게 욕을 했다고 생각해 사람들이 보는 앞에서 아이에게 폭언을 퍼부었다. 훈계하자 아이가 공격적인 태도로 나왔다는 이유였다. 30분간 이어진 폭언에 아이는 결국 울음을 터뜨렸고 동네 사람들의 만류로 상황이 종료됐다.

서울중앙지법은 "훈계라 할지라도 방법이나 내용이 정당한 범위에 있어야 한다"며 "A씨의 행동은 이를 넘는 정서적 학대 행위에 해당한다"고 판단하고 아동학대 혐의를 인정해 벌금 300만 원을 선고했다.

2. "청소년에 대한 신체적 학대와 특수상해"

학부모 A는 자녀가 학교폭력 피해를 당해 왔다는 사실을 알게 되었다. 이에 화가 난 A씨는 가해학생을 찾아가 뺨을 때렸다. 다른 학생에게도 찾아가 위협하고 폭행했다.

전주지방법원은 A씨가 청소년에 대한 신체적 학대와 특수상해를 벌인 죄가 인정된다며 징역 1년을 선고했다. 자녀의 학교폭력 피해 사실에 화가 나 우발적으로 범행한 점을 참작해 2년 동안 집행을 유예했다.

학교폭력이 발생하면 가족들이 가해학생을 훈계하거나 만나기 위해 찾아가는 일이 종종 있다. 그러나 이런 행동은 절대 하지 말아야 한다. 피해 학부모가 가해학생을 찾아가서 훈계하거나 경고하는 행위가 자칫 협박이나 정서적 아동학대가 될 수 있기 때문이다. 상대측에서는 당연히 협박당하고 정서적 학대를 받았다고 주장할 가능성이 높다. 그렇게 되면 아이들 싸움이 어른 싸움으로 번지게 되는 것이다.

문제는 또 있다. 학부모가 학교로 찾아가서 학생을 찾아내어 친구들 앞에서 훈계하거나 경고하고 잘잘못을 따지다 보면 모욕, 명예훼손으로 신고될 가능성도 있다. 이러한 주장들이 신고한다고 죄가 인정되고 처벌받는 것은 아니라 할지라도, 경찰 조사는 불가피하다.

학교폭력 피해 사실을 알게 되면, 신고하고 학교와 경찰의 도움을 받는 것이 가장 현명한 방법이다.

Q.9
학교폭력 이후 피해자가
다시 가해자로

　학교폭력이 발생한 이후 가해자는 피해자에게 불필요한 접근을 자제
해야 한다. 학교에서도 '접촉 및 보복행위 금지'를 선 조치 처분으로 내
리기도 하고 사전에 주의를 준다.

　그런데 가해 행위를 차단하는 데 우선하다 보니 피해자가 가해자에
대해 가해행위를 하는 것을 예방하는 데는 관심이 부족한 경우가 많다.
학교폭력 관련 학생이나 학부모 상담을 할 때 가해자는 물론 피해자에
대해서도 학교폭력 발생 이후 새로운 학교폭력이 발생하지 않도록 주의
를 주어야 한다. 학교폭력이 발생한 이후에는 사안의 해결을 위해 노력
해야지 불필요한 언행이나 서로의 비난으로 사안 자체를 악화시키지 말
아야 하기 때문이다.

　특히 학교폭력이 발생한 이후에는 서로의 감정이 예민해져 있고, 가해

학생 측은 피해학생 측의 잘못을 찾아내어 쌍방으로 학교폭력을 주장할 가능성이 있기 때문에 피해학생 측에서 불필요한 빌미를 제공하지 말아야 한다.

마찬가지로 가해자는 반성하지 않고 있다는 등 불필요한 오해가 생기지 않도록 주의해야 한다. 반성의 정도는 처분을 결정하는 한 요소이다. 피해자 측은 가해자가 학교에 잘 나오고 친구들과 웃고 떠드는 외적인 모습만 보고 가해자가 반성하지 않고 있다고 생각할 수도 있으므로 특별히 더 주의를 필요하다. 다음 사례를 보자.

A군은 같은 학교 친구인 B양의 얼굴을 성적인 사진에 합성하여 SNS에 올렸다. B양은 경찰에 신고했고 가해자가 B양의 친구 A군이라는 사실을 알았다. A군 측은 전학을 가는 조건으로 선처해 달라고 사정했다.

마음이 약해진 B양 측은 가해자 처벌을 원하지 않는다며 합의서를 작성하고 학폭 절차도 진행하지 않기로 했다.

그러나 얼마 뒤 A군은 B양을 학교폭력 가해자로 신고했다. B양이 친구들에게 A군의 이야기를 했다는 이유였다. B양과 친구들은 학교폭력 심의위에 회부되었다.

B양 측은 합의해 준 것을 후회하고 억울함을 호소하고 있다.

이 사례는 학폭 이후 관련 학생들이 유의해야 할 점을 시사하고 있다. 어른들이 주의를 준다고 하더라도 학생들은 친구들과 대화하면서 가해학생은 가해학생대로, 피해학생은 피해학생대로 상대편에 대한 비난과 자신의 잘잘못을 이야기하기 마련이다.

요즘은 비밀이 없는 세상이다. SNS는 대화 상대방의 기록으로 남고, 전화통화는 녹음으로 남는다. 학생들 간의 대화는 금방 학폭 관련 학생들 사이에 퍼져 나간다. 위 사례에서 B양은 친한 친구들에게만 A군이 범인이라고 이야기했지만, 그 사실이 가해학생에게 알려지면서 A군은 피해자가 되고 B양은 가해자가 된 것이다.

B양의 입장에서는 합의도 해 주고 학폭 심의도 열지 않았는데 가해자로 신고한 것에 대해 억울하다고 주장한다. A군은 이전 학폭 사안이 종결되고 합의가 되었음에도 소문을 내서 힘들어졌다고 주장하고 있는 것이다.

학폭 피해가 접수되면 상대편도 피해를 주장하면서 쌍방 학교폭력으로 진행되는 경우가 많다. 학생들의 행동은 상호작용이 있기 때문에 사소한 트집이라도 찾아낼 수 있다. 학폭 심의에서 사실관계를 파악하지만, 학폭 발생 이후 양측이 서로 불필요한 오해와 추가적인 학폭 사안을 발생시키지 않도록 주의해야 한다.

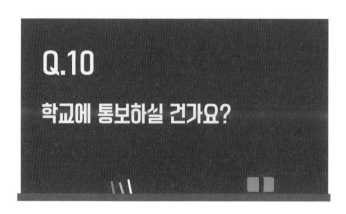

Q.10
학교에 통보하실 건가요?

"학생이 범죄로 경찰 조사를 받으면 학교에 알려 주나요?'

경찰 조사를 받게 되는 학생이나 학부모가 가장 많이 하는 질문이다. 경찰의 청소년 형사사건과 관련하여 보호자 외에 알리는 것을 의무화한 규정은 없다. 청소년 사건뿐만 아니고 모든 사건에서 대전제는 '피의사실을 공표하지 않는 것'이다.

물론 학교폭력의 경우 경찰이 학교에 통보할 의무는 있다.(학교폭력예방법 제20조 제2항) 그러나 학교폭력이 아닌 일반 범죄에 대해서 학교에 통보할 의무는 없다. 다만, 어떤 사유로 소년분류심사원이나 소년원에 입소된 경우 학교 출석 인정과 학적을 위해 해당 기관에서는 학교에 통보한다.

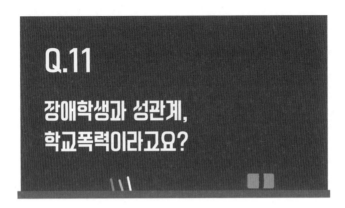

Q.11
장애학생과 성관계,
학교폭력이라고요?

인지능력이 다소 정상에 미치니 못하는 장애학생의 동의하에 성관계
를 한 남학생을 학교폭력으로 처분할 수 있을까?

언론에 보도된 내용을 인용한다.

지난 2018년 8월 고등학생이던 A양은 같은 학교 남학생 B군의 요구에 룸카페에서
성관계를 가졌다. 하지만 A양은 지능지수가 낮아 기본적인 의사소통만 가능할 뿐 사회
관계 형성에 어려움이 있고 적절한 행동이나 정서반응을 보이지 못하는 수준이었다.

학교는 곧바로 학교폭력위원회를 열어 B군에 대해 전학 등의 조치를 의결했다. 하지
만 A양이 B군을 성폭행 등의 혐의로 고소한 사건에선 검찰에서 무혐의 처분이 내려졌
다. 외관상으론 A양이 성관계에 동의한 만큼 형법상 강간죄의 구성요건인 '폭행이나 협
박'이 있었다고 보기 어렵다는 이유였다.

형사 책임을 면한 B군은 곧바로 전학 처분 등을 취소하라며 학교를 상대로 소송을 냈다. 1심 결과는 B군의 승소였다.

재판부는 A양의 인지 능력이 다소 부족하긴 해도 성적 접촉 여부를 결정할 정도의 능력은 있었던 것으로 보인다며 성관계가 '의사에 반하는 것'으로 단정하기 어렵다고 밝혔다. 그러면서 학교가 B군에 대한 전학 처분 등을 모두 취소해야 한다고 판결했다. 그러나 2심에선 결과가 정반대로 뒤집혔다.

서울고등법원은 "아동·청소년이 외관상 동의로 보이는 행동을 했더라도 '진정한 동의'가 아니었다면 온전한 성적 자기 결정권 행사로 보기 어렵다는 대법원 전원합의체 판결"을 근거로 들었다. A양의 지능 수준이나 B군에게 느꼈던 심리적 위축감 등을 모두 고려하면 A양의 성적 자기결정권이 침해되지 않았다고 단정해선 안 된다는 것이다.

이번 사건은 형사사건에서 무혐의 처분된 행위가 학교폭력 상으로는 '성폭력'으로 인정됐다는 점에서 의미가 크다. 학교폭력에서 성폭력은 범죄 성립을 전제로 하는 것이 아니라는 점이 다시 한 번 확인되었다는 평가다.

※ 관련 대법원 판례(2020.8.27.선고-2015도9436 전원합의체 판결)

이 판례는 두 가지를 시사하고 있다.

첫째는 '청소년들 간에 교제한 경우 성폭력은 아니'라고 단정해서는 안 된다는 점이고, 둘째는 형사 사건에서 무혐의 처분을 받은 사안에 대해 행정법원은 학교폭력 처분(전학)은 정당하다고 판단하고 있다는 점이다.

학교폭력 심의 시 행위 당시의 상황과 피해학생의 진실한 동의가 있었는지, 인지능력이나 판단능력이 온전한지, 심리적으로 위축되거나 억압된 상황은 아니었는지 등을 폭넓게 심의해야 할 것이다.

Q.12
이제 와서 손해배상을 하라고요?

학교폭력이 발생하면 처분을 받고 생활기록부에 기록되고 졸업 전후로 해서 처분 기록은 삭제된다. 그러면 과연 이것으로서 모든 상황은 종료되는 것일까?

대부분 학교폭력이 발생하면 처분을 받고 종료되는 것으로 생각할 수 있다. 그러나 이것이 전부가 아니다. 실제로 피해자 측에서 2~3년이 지나서 치료비를 청구하는 민사소송을 제기한 사례가 있었다.

A 학생은 중학교 3학년 때 친구와 싸움을 부추겼고 이로 인해 폭행을 당한 친구 B는 자존감을 잃었다. 고등학교에 진학한 이후에도 학교생활에 적응하지 못하고 우울감으로 인해 자해를 했고 병원 치료까지 받게 되었다.

결국 B 학생 측은 A 학생을 상대로 3천만 원의 민사상 손해배상을 청구
했고, 가해자의 부모는 3년 전 일로 생각지도 못한 손해배상 소송을 당
하니 황당하다는 반응이다.

학교폭력예방법 제16조 제⑥항은 동법 제①항 '1호 심리상담 및 조언,
제2호 일시보호, 제3호 치료 및 치료를 위한 요양까지 규정에 따른 상담
등을 받는 데 사용되는 비용은 가해학생의 보호자가 부담하여야 한다'
고 규정하고 있다.

민사소송은 학교폭력으로 인한 신체적, 정신적 피해에 대한 인과관계
가 명확히 입증된다면 치료비 및 위자료를 청구할 수 있다. 인과관계에
대한 판단은 법원이 할 것이다. 그러니 학폭 처분과 형사고소, 민사소송
을 통한 손해배상 청구 소송까지 이어질 수 있다는 점에서 마냥 처분을
받고 기록이 삭제되면 끝난다고 단순하게 대응할 문제가 아닌 것이다.

그래서 학교폭력이 발생한 이후 가해자 측에서는 피해자의 피해 회복
과 화해를 위해 노력을 게을리 해서는 안 된다. 나중에 손해배상이 청구
되는 경우는 당연히 당시에 피해 회복과 화해의 노력이 미흡한 경우가
많다.

특히 과거에는 소송비용 등 부담, 입증 문제, 장기간 소요되는 문제 등
으로 인해 소송을 꺼려했지만 요즘은 변호사 문턱도 낮아지고 있어 학
교폭력에 변호사를 선임하는 사례가 점차 증가하고 있다.

위 사례는 중학교 3년 때 발생한 학교폭력에 대한 그동안의 치료비,

위자료를 청구하는 민사소송을 제기한 경우이다. 3년이나 지난 학폭 사안으로 손해배상 청구가 가능한가? 민사상 손해배상 청구 시효는 민법 제766조에 규정하고 있다.

민법 제766조(손해배상청구권의 소멸시효)

① 불법행위로 인한 손해배상의 청구권은 피해자나 그 법정대리인이 그 손해 및 가해자를 안 날로부터 3년간 이를 행사하지 아니하면 시효로 인하여 소멸한다.

② 불법행위를 한 날로부터 10년을 경과한 때에도 전항과 같다.

③ 미성년자가 성폭력, 성추행, 성희롱, 그 밖에 성적 침해를 당한 경우에 이로 인한 손해배상 청구권의 소멸시효를 그가 성년이 될 때까지 진행하지 아니한다.

민사상 손해배상은 가해자를 안 날로부터 3년간, 불법행위가 있었던 날로부터 10년간 행사하지 아니하면 소멸한다. 그런데 성 관련 사안의 시효는 피해학생이 성년이 될 때까지 적용되지 않는다. 즉 성년이 된 이후 3년 또는 10년의 소멸시효가 적용된다는 뜻이다.

외관상 상처에 대한 치료비는 단기적 치료가 가능한 사항이고 피해 회복을 위해 당연히 보상해 주는 것이 상식이다. 그런데 심리상담, 정신과적 치료 등은 장기간 진행될 수 있고 우울증 등 후유증을 동반할 수 있어 해결이 쉽지 않다.

피해자 측은 가해자 측과 소송을 두고 대면하기 싫어하는 것이 일반적이다. 이런 경우 피해자 측은 치료비와 위자료를 '학교 안전공제회'에 신청하고 공제회가 가해자를 상대로 구상권을 행사하도록 하기도 한다.

실제로 민사소송에서도 소액청구(3천만 원 이하) 사건은 변호사 선임 없이도 얼마든지 가능하다. 법원 민원실에 가서 '소액심판 청구서'를 작성하여 제출하면 소송이 진행된다. 다음 통보받은 재판 기일에 출석하여 관련 증빙자료(학교폭력으로 인한 치료비, 약제비, 심리상담 비용 등)를 제출하고 2~3개월 내에 소액심판 결정을 받을 수 있다.

소송을 제기한 피해자 측(원고)이 재판기일에 2회 이상 출석하지 않으면 소 취하로 간주되고 가해자 측(피고)이 1회라도 출석하지 않으면 원고의 청구 내용을 인정하게 된다.

Q.13

자녀의 도박 빚,
대신 갚아 주어야 할까?

\\\   ▉▉

"제 아이를 소년원에 보내 주십시오"

한 학부모가 학교전담경찰관을 찾아가 자신의 중학생 아들인 A군을 소년원에 보내 달라고 사정한 일이 있었다. A군은 인터넷 도박을 하기 위해 형들에게 돈을 빌려 갚지 못하자 형들을 피해 가출한 상태였다. 돈을 빌려주었다는 형들은 여러 명이 같이 수시로 집을 찾아오거나, 전화를 통해 부모를 상대로 돈을 대신 갚으라며 요구했다. 아버지는 300만 원 상당을 갚았지만 받을 돈이 300만 원 더 남았다는 형들의 말을 믿을 수가 없었다.

한 어머니는 고등학생인 아들이 인터넷 도박을 하다 빚을 져 800만 원을 부모가 갚았는데, 아들은 아직 말 못 한 채무가 있는지 알바를 하겠다고 한다며 하소연을 했다.

　도박은 범죄이고, 도박에 이용될 것을 알면서 빌려준 돈은 갚을 필요가 없다. 즉 '불법원인 급여'로서 갚지 않아도 된다. 그러나 돈을 빌린 청소년이나 학부모는 사채놀이를 하는 이들의 보복이 두려워 경찰에 신고를 못 하는 경우가 많다.

　자녀의 도박 빚 문제로 필자에게 상담했던 학부모 가운데 스스로 경찰에 신고한 사례는 한 건도 없다. 아마도 학부모들은 자녀가 빌린 돈에 적당히 타협한 이자를 얹어서 대신 갚아 주었을 것이다. 아르바이트를 하는 청소년들 중 몇몇은 도박 빚을 갚기 위해 일하는 것일 수도 있다. 학생들이 후미진 곳에서 둘러싸고 핸드폰을 보면서 소란스럽다면 사이버 도박을 하고 있을 가능성이 높다.

　부모는 자녀가 인터넷 도박을 하는지 관심을 가지고 지켜보아야 한다.

　평소보다 용돈을 자주 요구하고 빌린 돈이 있다고 할 때는 도박을 하는지 의심할 필요가 있다. 도박 자금을 마련하거나 빚을 갚기 위해 귀중품을 현금화하거나 중고거래 사이트에 소지품을 파는 경우, 중고거래 사기, 절도 등을 하는 경우, 과한 아르바이트를 하는 등 돈에 집착하는 경우는 그 징후로 볼 수 있다.

　청소년들의 도박 형태는 단순하다. 예를 들어 '달팽이'라는 인터넷 도박이 있는데, '어느 달팽이가 가장 빨리 결승선에 도착하느냐'에 승패를 거는 방식이다.

　어른들 눈에 그냥 허접한 게임으로 보일 수도 있어 도박인지 게임인지 모를 정도다. 현재 유행하는 인터넷 도박은 '사다리', '천사와 악마', '로하이', '타조', '달팽이', '마리오', '불법 스포츠 토토', '소셜 그래프', '사설 파워볼', '가상축구' 등 다양하다. 중고교생이 가장 많이 하는 도박은 '불법 스포츠 토토'라고 한다.

청소년들이 도박 자금을 빌려주는 행위를 '대리 입금'이라고 한다. 줄여서 '댈입'이다. 도박 자금을 빌려 주는 이들은 SNS(페이스북 등)에 '돈 빌려드립니다', '돈 필요하신 분 연락 주세요'라고 광고를 게시하고, 대부분 같은 지역에 사는 청소년을 대상으로 한다. 담보는 개인 및 부모 연락처, 소속 학교, 주소 등이다. 나중에 돈을 받기 위해서다.

청소년을 상대로 한 대리 입금 행위, 고율의 이자를 받는 행위, 대출 광고 행위 등은 모두 대부업법 위반으로 처벌받는다. 과다한 채무 독촉이 있다면 경찰에 신고하여 도움을 받을 필요가 있다.

〈청소년 도박 관련 용어〉

토쟁이	스포츠 토토를 즐기는 사람
토사장	불법 스포츠도박 사이트를 운영하는 사람
총판	토사장 밑에서 홍보와 모객을 책임지는 사람
졸업	사설 불법도박 사이트에서 당첨금을 주지 않고 일방적으로 운영을 중단하는 행위
강퇴	돈을 많이 딴 사람에게 더 이상 사이트 이용을 하지 말아주기를 권유하는 행위
총알	베팅을 할 수 있는 개인 자본

Q.14
제 동영상(폭행, 성관련 영상 등)이 페이스북에 올라왔어요

"우리 반 여학생으로 추정되는 이의 성관련 동영상이 페이스북에 돌아다닌다는데 어떻게 해야 하죠? 같이 사귀던 남학생이 올린 것 같아요."

간혹 학교에서 선생님들이 다급한 목소리로 경찰에 문의를 한다. 성관련 동영상이나 학교폭력 현장을 촬영한 영상이 SNS 등에 올라오는 경우가 있다.

이런 때 가장 시급한 것은 유포 확산을 차단하는 것이다.

그다음은 유포자의 처벌을 위해 유포된 영상에 대한 증거를 확보하는 것이다. 게시된 카톡방이나 페이스북 등에서 삭제하거나 삭제되기 전에 증거 영상을 촬영하거나 사진을 찍어 두는 것이 방법이다.

세 번째는 공유한 사람들, 대화방에 들어와 있던 사람들이 누구인지 확인해야 한다. 이를 토대로 동영상 재유포자를 추적하여 영상을 삭제했는지, 다운받아 보관하고 있는 것은 아닌지 확인해야 한다. 예를 들면 성급한 마음에 카톡방을 폐쇄(카톡방 폭파)한 경우 카톡방에 가입한 학생이나 게시된 영상물이 같이 사라지기 때문에 유의해야 한다.

학생으로부터 신고가 접수되면 학교는 신속하게 112나 학교전담경찰관에게 연락하여 초기에 불법 영상물 확산을 차단하기 위해 긴밀하고 신속히 협조해야 한다. 학교전담경찰관들은 불법 영상물을 전달받은 친구들을 일일이 추적해서 삭제 여부를 반드시 확인한다.

즉각적인 조치로 삭제가 불가능한 영상물은 피해자가 방송통신심의위원회(이하 방심위)를 통해 삭제 요청할 수 있다. 방심위 홈페이지(http://www.kocsc.or.kr)에 접속하여 '디지털 성범죄 신고'메뉴를 클릭한 후 절차에 따라 신고하면 된다.

긴급한 경우 방심위에 전화하여 요청할 수 있다.

해외 사이트에 대해서도 콘텐츠 삭제·차단 요청이 가능하다. 경찰이나 방심위 도움을 받아서도 가능하지만 경찰이 삭제 요청한다고 하더라도 피해자 신원 확인을 요구하는 경우가 많고 피해자가 직접 요청하는 것과 차이가 없다.

〈해외 사이트별 콘텐츠 삭제 차단 요청〉

사이트	삭제 · 차단 요청 방법
텀블러	• 신고 대상 게시물의 퍼머링크(URL)를 확인한 후 → (초상권 도용 등 사생활 침해) tumbr.com/abuse → (아동성착취물) tumblr.com/abuse/minor ※ 퍼머링크 확인 방법: 게시물 상단 '…' 클릭한 후 '링크 복사' 클릭
유튜브	• 게시물 우측 하단 '…', '신고' 순으로 직접 클릭 (일반) • support.google.com/youtibe/contact/privacy2 (개인정보침해)
트위터 (제3자 가능)	• 게시물에서 '트윗 신고하기' 직접 클릭 (일반) • support.twitter.com/forms/private_Information (개인정보침해) • support.twitter.com/forms/impersonation (인적사항도용사칭) • support.twitter.com/forms/abusiveuser (괴롭힘,구체적 · 폭력적 신변위협)
페이스북 인스타그램	• 게시물 우측 상단 '…' 클릭한 후, '신고' 클릭
구글	• support.google.com/webserch/answer/6302812 (음란 개인 이미지 삭제)
텔레그램	• abuse@telegram.org (불법콘텐츠 신고) • @NoToScam (사칭)

사귀다가 데이트 폭력으로 신고한다면?

최근 여학생과 남학생이 서로 사귀게 되는 경우가 많다. 학생들이 이성 친구와 사귀다 보면 서로 신체 접촉도 하고 사진이나 영상도 주고받게 된다. 하지만 사귀는 관계가 보통 오래가지는 않는다. 서로 깔끔하게 정리를 하면 좋지만, 한쪽에서는 헤어지기 싫고, 한쪽에서는 헤어지고 싶을 경우 갈등이 생긴다.

여학생의 경우 남자친구에 대해 소문을 내는 경우가 많은데, 명예훼손이 될 가능성이 높다.

남학생은 헤어지기 싫은 경우 만나자고 계속적인 시도를 할 수 있는데, 여학생 입장에선 협박이나 스토킹 범죄로 느낄 수 있다.

그리고 사귀면서 서로 주고받은 사진이나 영상이 제 삼자에게 전달된 경우에는 문제가 발생한다.

이처럼 헤어지는 과정에서 갈등이 발생하여 학교폭력으로 신고되는 경우가 있다. 하지만 서로 사귀다가 폭력으로 신고되는 일명 데이트 폭력은 학교폭력으로 신고되지 않는 것이 좋다. 어떻게 보면 본인들의 치부를 드러내는 사안이기 때문이다. 얼마 전까지만 해도 이성 친구로 사귀는 관계였지만 학폭으로 신고되어 원수지간이 되면 특히 여학생 쪽 보호자 입장에서는 용서할 수 없다는 식으로 대응하는 경우가 많다. 하지만 이런 사안의 경우 대부분 한쪽만의 폭력이 아니라 쌍방의 문제가 있는 경우가 많다. 즉 쌍방 신고, 쌍방 고소가 될 수 있으며, 결과도 양쪽 모두에게 만족스럽지 않을 가능성이 높다. 애초에 사귀고 헤어지는 과정의 감정의 문제가 발단이 된 경우라면 더욱 그렇다. 물론 아닌 경우도 있을 수 있지만, 신고하여 되돌릴 수 없는 관계가 되는 것이 나을지는 다시 한 번 충분히 생각해 보아야 한다.